dtv

Das Kinderbuch als Brücke zwischen Erwachsenem und Kind und der Kinderbuchautor als ein Mensch, dem der Zugang zu der »verlorenen« Zeit der Kindheit auf wundersame Weise erhalten geblieben ist – das ist der thematische Rahmen, in dem die acht Aufsätze dieses Buches stehen. Worauf gründet etwa die Langlebigkeit von Kinderliedern und Kinderreimen? Warum gelingt es gerade den Geschichten Astrid Lindgrens, Kindern Angst zu nehmen und Zuversicht zu schenken? Wie erklärt sich der rasante Aufstieg Harry Potters in den Olymp der Kinderbuchhelden? Weitere aufschlußreiche psychoanalytische Betrachtungen gelten dem Räuber Hotzenplotz, Max und Moritz, Tom Sawyer, Alice im Wunderland, Pinocchio sowie den Karl-May-Helden.

Dr. Sylvia Zwettler-Otte, geboren 1946, ist seit 1991 Psychoanalytikerin und Psychotherapeutin in eigener Praxis, seit 1997 Lehranalytikerin der Wiener/Internationalen Psychoanalytischen Vereinigung und seit 2000 deren Vorsitzende. Mehrere Buchveröffentlichungen, zuletzt, zusammen mit Marina Tichy: *Freud in der Presse* (1999).

Von Robinson bis Harry Potter

Kinderbuch-Klassiker psychoanalytisch

Herausgegeben von
Sylvia Zwettler-Otte

Deutscher Taschenbuch Verlag

Erweiterte Ausgabe
Juli 2002
Deutscher Taschenbuch Verlag GmbH & Co. KG, München
www.dtv.de

unter dem Titel: Kinderbuch-Klassiker psychoanalytisch.
Von Robinson bis Hotzenplotz
Umschlagkonzept: Balk & Brumshagen
Umschlaggestaltung: Stephanie Weischer unter Verwendung
einer Fotografie von © Image Bank/David Lossy
Satz: Fotosatz Reinhard Amann, Aichstetten
Gesetzt aus der Galliard 9,5/11,5˙ (QuarkXPress)
Druck und Bindung: Druckerei C.H. Beck, Nördlingen
Gedruckt auf säurefreiem, chlorfrei gebleichtem Papier
Printed in Germany · ISBN 3-423-36278-2

Inhalt

Vorwort

Mit der Entdeckung der infantilen Amnesie, der Unfähigkeit des Erwachsenen, gewisse Gefühle und Erlebnisse der Kindheit zu erinnern, hat Sigmund Freud auch die Hauptursache aller Erziehungsschwierigkeiten erkannt. Aus der Kindheit stammende Gedanken, Bilder und Erinnerungen, die mit unlustvollen Gefühlen wie Angst, Scham, Schuldgefühlen u. ä. verbunden sind, müssen ins Unbewußte zurückgewiesen und dort gehalten werden – ein Prozeß, der in der Psychoanalyse als Verdrängung bezeichnet wird. Diese Verdrängung und die daraus resultierende infantile Amnesie macht es den meisten Erwachsenen nicht leicht oder sogar unmöglich, schwierige Situationen der Kinder zu sehen und zu verstehen.

Sehr oft lösen Kinder sogar durch ihre triebhaften Impulse neuerliche Verdrängungsschübe bei Erwachsenen aus. Das Ergebnis ist dann eine besonders heftige und rigide Ablehnung irgendeiner kindlichen »Unart«. Wer z. B. in der Kindheit seine Geschwisterrivalität in zärtliches, überfürsorgliches Verhalten verwandeln mußte in der Angst, die Liebe der Eltern zu verlieren, und jeden Anflug von Haß, Neid und Eifersucht aus seinem Bewußtsein verbannte, erträgt auch beim eigenen Kind solche feindseligen Regungen nicht und erzwingt ein angepaßtes Verhalten, allerdings auf Kosten der Echtheit der Gefühle – ein Teufelskreis, der nur durch die Aufhebung der infantilen Amnesie zu unterbrechen ist, wie es in einer Psychoanalyse gelingen kann.

Verdrängte Triebregungen drängen aber immer wieder an die Oberfläche, um neue Auswege und Befriedigung zu suchen. Eine Befriedigungsmöglichkeit, die sich anbietet, ist das Ausleben von Triebwünschen und Konflikten in der Phantasie. Sie spielt beim literarischen Schaffen eine ebenso wichtige Rolle wie beim Nachvollziehen dieses Schöpfungsaktes, d. h., sie ist beim Autor wie beim Leser die treibende Kraft.

Bei Kinder- und Jugendbüchern sind gewöhnlich drei an dem Prozeß beteiligt: der Autor, der sich selbst und anderen Lust- und Genußquellen eröffnet, die sonst unzugänglich blieben; der Erwachsene, der das Buch für das Kind auswählt (ob dies nun ein Elternteil, ein Verlagslektor, ein Buchhändler oder Bibliothekar ist); und das Kind, das sich mit den Helden der Bücher identifiziert und mit ihnen mitfühlt, mitgenießt und in erträglichem Ausmaß mitleidet. Angst, die dabei auftritt, ist durch Lust ermäßigt und ermöglicht so oft ein Stück Bearbeitung eigener Konflikte.

In den vorliegenden Arbeiten, die aufgrund einer Initiative der *Sigmund-Freud-Gesellschaft* in Wien entstanden sind, haben sich Psychoanalytiker mit bekannten Kinder- und Jugendbüchern befaßt.

R. Kohlheimer hat jene sprachlichen Produktionen untersucht, die den frühesten lustvollen Umgang mit Sprache darstellen: die *Kinderreime* und *Kinderlieder.* Sie stammen meist nicht von *einem* Autor, sondern sind wie Märchen und Mythen dem kollektiven Unbewußten entsprungen. Kohlheimer zeigt, wie sich bereits in diesem »vergnügten Wortschwall der Kindheit« (Greenacre) sexuelle und aggressive Inhalte verbergen, die unbewußte Wünsche und Ängste der Kinder, aber auch die Ambivalenz der Eltern gegenüber den Kindern widerspiegeln.

E. M. Ammerer veranschaulicht das Modell der psychischen Instanzen Es, Ich und Überich anhand der Geschichte vom *Räuber Hotzenplotz* und demonstriert die lustvollen Identifizierungsmöglichkeiten mit den Gestalten, die als Personifizierungen von Es, Ich und Überich betrachtet werden können.

E. Beer unterzieht *Max und Moritz, Tom Sawyer* und *Alice im Wunderland* einer psychoanalytischen Untersuchung und geht auf jene Themen ein, die im kindlichen Seelenleben vorherrschen und in der Kinderliteratur gleichsam als »erprobte Bauelemente« in »immer neuen Variationen« verwendet werden: Durch die warnende Geschichte von Max und Moritz zieht sich der rote Faden von Fressen und Gefressenwerden, bei Tom Sawyer geht es bei den beiden typischerweise einsamen elternlosen Helden um eine aufregende Schatzsuche und ein erstes Liebeserlebnis, und in dem Alptraum von Alice, die ständig auf die Schranken des Zu-groß- oder Zu-klein-Seins stößt, dominiert wiederum das Thema von Freßlust und Aggression in Verbindung mit magischen Wortspielen.

H. Figdor geht anhand der Erzählungen von *A. Lindgren* auf die kindlichen Konflikte zwischen Abhängigkeit und Trennungsangst einerseits und Trotz und Autonomiebestreben andererseits, auf das leichte Umkippen der »guten« Mutter zu einer »bösen« Mutter und auf Geschwisterrivalität ein. Er unterstreicht die Bedeutung der Kinderbücher als pädagogische Ratgeber.

In der Geschichte von *Pinocchio* versucht die Herausgeberin zu zeigen, wie sich hinter der vordergründigen Anpassung des hölzernen Bengeles an die Forderungen der Erwachsenen im geheimen ein ödipaler Wunschtraum erfüllt, indem die Vaterimago schwach, manipulierbar und hilfsbedürftig und die Mutterimago als zwar schwer, aber doch erreichbare überirdisch schöne Fee erscheint.

In dem Beitrag von *D. Ohlmeier* steht *Robinson Crusoe* im Mittelpunkt. Seine Ängste vor dem Verschlungenwerden sind mit dem unbewußten Wunsch nach Wiedervereinigung mit der Mutter verbunden. Mit der Herstellung einer Ordnung wird dieser gefährliche Wunsch nach symbiotischer Verschmelzung abgewehrt.

Der psychische Prozeß, der sich beim großen und kleinen Leser abspielt, wird vom Autor in Gang gesetzt und ist eine Kopie des seelischen Vorganges, der sich im Schriftsteller selbst während des Schaffensprozesses abspielt. Diesem Aspekt hat *H. Leupold-Löwenthal* in seiner Arbeit über *sogenannte Trivialliteratur* besondere Aufmerksamkeit gewidmet. Es geht hier u. a. um das Geheimnis besonders erfolgreicher Literatur, gleichgültig, ob es sich um Kinder- und Jugendbücher, um Trivial- oder um Hochliteratur handelt. Am Beispiel von *Karl May*, *Robert Kraft* und *Eugenie Marlitt* demonstriert Leupold-Löwenthal die nicht bewußt kontrollierten Entstehungsbedingungen jener Werke, denen dauerhafter Erfolg zuteil wird. Hier wird erstmals eine wirkungsästhetische und wirkungspsychologische Untersuchung von psychoanalytischer Seite versucht.

SYLVIA ZWETTLER-OTTE

Zur Psychologie der Kinderreime und Kinderlieder

Von RENATE KOHLHEIMER

Kinderreime und Kinderlieder sind wie Märchen und Mythen aus der populären Kultur, dem kollektiven Unbewußten entsprungen. Sie wurden über Jahrhunderte hinweg mündlich weitergegeben, der Autor blieb dabei unbekannt. Die ersten Kinderlieder wurden 1765 in Deutschland von C. F. Weiße veröffentlicht. Anfang des 19. Jahrhunderts wurde von Achim von Arnim und Clemens Brentano gemeinsam die berühmte Volksliedersammlung *Des Knaben Wunderhorn* herausgegeben, in der auch alte Kindersprüche und Kinderlieder aufgezeichnet wurden.

Mein Interesse, mich mit dem Thema der Kinderreime und Kinderlieder, von Greenacre (zit. nach Rollin 1992) als »vergnüglicher Wortschwall der Kindheit« bezeichnet, zu befassen, bestand darin, der Bedeutung ihrer Beliebtheit nachzugehen, wofür auch ihre Langlebigkeit spricht. Vom psychoanalytischen Gesichtspunkt her interessierte mich die Frage, worin die psychologische Bedeutung mancher Kinderreime und Kinderlieder bestehen könnte.

Die deutschsprachige psychoanalytische Literatur gibt zu dieser Fragestellung wenig Auskunft. Theodor Reik (1965) zitiert in seinem Essay »In Gedanken töten« Kindersprüche und Kinderlieder, die sich auf bewußte und unbewußte Todeswünsche beziehen, mit denen sich der Autor in teilweise selbstanalytischen Fragmenten auseinandersetzt.

Gaston Ferdière (1947) beschreibt den »Nutzen von Kinderreimen für Psychologie und Psychopathologie«, wobei er interessante Aspekte zu kindlichen Wortspielen in der französischen Sprachentwicklung untersucht.

In der englischsprachigen Literatur fand ich einige Hinweise zum Thema aus psychoanalytischer Sicht. In England werden Kinderreime und Kinderlieder als »Nursery Rhymes« bezeichnet, in Amerika sind sie als »Mother Goose Rhymes« bekannt.

Eine kulturhistorische Studie mit zugrundeliegender psychoanalytischer Theorie gibt Lucy Rollin (1992) in ihrem Buch *Cradle and All*, welches einen Überblick über Nursery Rhymes und Mother Goose Rhymes verschafft.

Renato Almansi (1986) beschreibt in einer Fallvignette den englischen Kinderreim »Humpty Dumpty«, der sich auf die Deckerinnerung eines Patienten bezieht. Vincent de Santis (1986), ein amerikanischer Kinderpsychiater, beleuchtet Nursery Rhymes und Mother Goose Rhymes aus entwicklungsperspektivischer Sicht.

Das Vergnügen am kindlichen Spiel mit Lauten und Worten klingt exemplarisch in folgenden Kinderreimen und Kinderliedern an:

1, 2, 3
piga paga Hei
piga paga Habernstroh
pfeift der Nigl,
tanzt der Floh.

ri ra rutsch
wir fahren mit der Kutsch,
wir fahren mit der Schneckenpost,
die uns keinen Taler kost,
ri ra rutsch, wir fahren mit der Kutsch.

Heißassa bumsfallara
komm, wir wollen tanzen.
Ich mit dir, du mit mir
hinter unsrer Stubentür!

Ein Männlein steht im Walde ganz still und stumm,
es hat vor lauter Purpur ein Mäntlein um.
Sag, wer mag das Männlein sein, das da steht im
Wald allein, mit dem purpurroten Mäntelein?

Als Antwort auf die im Lied gestellte Frage: »Sag, wer mag das Männlein sein?« wird in den Kinderbüchern die Hagebutte angegeben, doch man möchte antworten: »Das kann doch nur der Penis sein.« Die Lust am »Unsinnreden«, wobei oft eine eigene Zaubersprache verwendet wird, sowie die kindliche Freude an sprachlichen Lautproduktionen sind charakterisch für den Reiz, den Kinderreime und Kinderlieder für Kinder haben können.

Da Reime, sowohl gesprochen als auch gesungen, die Basis der Kinderlieder sind, werde ich Reim und Lied nicht getrennt, sondern gleichzeitig behandeln.

Der Reim, also der Gleichklang von Wörtern, hat allgemein die Funktion der Gliederung des Gedankenganges und dient als Erinnerungshilfe beim Einprägen des Textes. Für Kinderreime und Kinderlieder ist der Endreimvers kennzeichnend, wobei die Worte am Ende der Verse reimen (singen – klingen). Sprachhistorisch war die klassisch-antike Dichtung reimlos, erst in spätrömischer Zeit entwickelten sich Ansätze zu einer Reimdichtung. In der deutschen Dichtung wurde bis zum 9. Jahrhundert der Stabreim als Stilmittel verwendet, dabei besteht der Gleichklang im Anlaut; Reste davon sind in Redensarten wie z. B. gang und gäbe, Haus und Hof etc. noch heute erhalten.

Vom Standpunkt des Sprachforschers gehen manche Kinderreime wie »Pigga, pagga nei« oder »Wigga, wagga hei« bis in das achte Jahrhundert zurück. Manche Abzählreime stehen in ihrem Aufbau den Merseburger Zaubersprüchen nahe, die im zehnten Jahrhundert aufgezeichnet wurden.

Die Formen der Kinderreime und Kinderlieder umfassen die Spiele der Erwachsenen mit dem Kind wie auch die Spiele der Kinder untereinander von den Sprechspielen bis zu den Bewegungsspielen. Letztere reichen von den beliebten Hüpf-, Such-, Lauf-, Rate- und Ballspielen bis zu den Tanz- und Gesellschaftsspielen (Finger-, Faust- und Brettspiele). Dabei kommen verschiedene Reimformen zur Anwendung: Sprechspiele beinhalten Fragespiele und Sprachscherze, wie

Is amal an Alter g'wen, mit a zinnigen* Latern. Willst was hörn?
(Bei »Ja« wird vom Anfang begonnen, bei »Nein«: . . . »dann hör i auf!«)

Ein Knopf, ein Knopf, ein Hosenknopf, ein jeder Knopf, der knallt!
(Bei jedem o und bei »knallt« wird mit der Zunge geschnalzt.)

Spottreime beziehen sich auf verschiedene Berufe und Namen:

Schneidergoaß, flick mein Sch . . .!
Annamirl, nimm d'Katz ban Schnürl!
Micherl, macherl, sch . . . ins Kacherl!
(Für ein Kind, das auf den Topf gesetzt wird.)

---

* aus Zinn, was auf das Alter hinweist.

Allgemein beruhigende Wirkung haben die Wiegenlieder und Kosereime, wie folgender Spruch, der Trost spenden soll:

Heile, heile Segen
morgen gibt es Regen, übermorgen Schnee
tut's dem Kindle nicht mehr weh!

Das bekannte Wiegenlied »eia popeia« geht ursprünglich auf ein griechisches Lied zurück, das Theodora von Byzanz, eine Babenbergerherzogin, ihren Kindern als Wiegenlied vorgesungen hat. Im »Wunderhorn« ist das bekannte Wiegenlied enthalten:

Eio popeio, was raschelt im Stroh,
die Gänslein gehn barfuß und haben kein Schuh;
der Schuster hat's Leder, kein Leisten dazu,
drum kann er den Gänslein auch machen kein Schuh!

In den süßen Weisen des Wiegenliedes tauchen seltsamerweise neben märchenhaften Figuren so manche Schreckgestalten als Bedrohung auf, auf deren psychologische Bedeutung ich noch zurückkommen werde. Auch die zweite Strophe des Wiegenliedes erscheint bedrohlich:

Eio popeio, schlag's Kichelchen tot,
legt mir keine Eier und frißt mir mein Brot.
Rupfen wir ihm dann die Federchen aus,
machen dem Kindlein ein Bettlein daraus.

Im Widerspruch zum lustbetonten Spiel steht der Textinhalt zu einem beliebten Schaukel- und Kniereiterreim:

Hoppa, hoppa Reiter – wenn er fällt, dann schreit er,
fällt er in den Graben, fressen ihn die Raben,
fällt er in den Sumpf, macht der Reiter – plumps!

Die in diesem Reimvers sowie im Wiegenlied zum Vorschein kommende Aggression, die im Gegensatz zum lustvollen Spiel einerseits und zur beruhigenden Intention andererseits steht, läßt sich als Ausdruck von Ambivalenz verstehen, die so abgeführt wird.

Die Symbolik in den Kinderreimen und Kinderliedern ist meist durchsichtig und unverhüllt dargestellt und entspricht damit den kindlichen Träumen im Sinne einer unvermittelten Wunscherfüllung, und in der Versagung dieser erfolgt die Reaktion darauf.

Die Inhalte beziehen sich auf das Leben im Haus (in der Küche, im Keller) oder auf der Wiese im Garten und stellen hier unmittelbare Kindererlebnisse dar. Im Gegensatz dazu sind die Charaktere im Märchen oft von mysteriösen Burgen, Wäldern und fremden, seltsamen Ländern umgeben. Ein Beispiel, das auf das Mißgeschick des Stolperns bei den ersten Gehversuchen hinweist, ist folgendes Kinderlied:

> Mäh, Lämmchen, mäh, das Lämmchen läuft in Wald,
> da stieß sich's an ein Steinchen, tat ihm weh sein Beinchen,
> da schrie das Lämmchen mäh!

Die Hauptrolle spielen Tiere, und hier meist gezähmte Haustiere und die Vogelwelt, wobei diese symbolisch die Kinder selbst, aber auch die Eltern und oft die Geschwister repräsentieren. Auch darin besteht ein Unterschied zu Märchen, in denen meist wilde Tiere zum Objekt von Angst und Bedrohung im kindlichen Seelenleben werden.

Die phantastische Bildersprache der Kinderreime und -lieder spiegelt die kindliche Vorstellungswelt wider. Es ist für das Kind selbstverständlich, daß, wenn es schlafen gehen muß, auch alle Menschen, wie Tiere, Pflanzen, Sonne und Mond, aber auch unbelebte Gegenstände wie sein Spielzeug schlafen müssen. Im psychischen Geschehen des Kleinkindes ist das symbolische Denken vorherrschend. Ich denke an die Spiele der Kinder, wie sie von Zulliger (1967) beschrieben wurden, in denen irgendeine Handlung oder ein Gegenstand eine wichtige symbolische Bedeutung erhalten kann, ganz unabhängig von derem realen Wert.

Das Bewußtsein mit seiner Funktion des konkreten, abstrakten Denkens ist noch nicht genügend entwickelt. Der Übergang zur Welt der realen Objekte entwickelt sich mit zunehmender Reifung des Kindes erst allmählich (vom Lustprinzip zum Realitätsprinzip).

Der animistischen Vorstellungswelt des Kindes entspricht es daher völlig, daß es mit der »Schneckenpost« fahren kann, oder daß der Kuckuck als »Wahrsager« und der Storch als »Kinderbringer« erscheint, jener als Ausdruck seiner kindlichen Sexualneugier (beide Beispiele aus Riedl/Klier 1957):

Storch, Storch, Guter	Stori, Stori
bring mir einen Bruder	langa Kragn
Storch, Storch, Bester	hat ins Muida Bett eing'schlagn,
bring mir eine Schwester!	wart, des wer i in Vada sagn!

Im kindlichen Denken wird dem Tier die volle Ebenbürtigkeit zugesprochen, wie Freud (1913) in *Totem und Tabu* meint. Kindliche Ambivalenzkonflikte kehren manchmal in Tierphobien wieder. So hat der kleine Hans seine Kastrationsängste im Zusammenhang des Ödipuskomplexes vom Vater auf Pferde übertragen. Auch der kleine Arpad von Ferenczi fürchtete die Strafen seiner kindlichen Sexualinteressen. Dabei dienten das Interesse am regen Sexualverkehr zwischen Hahn und Henne, das Eierlegen und das Herauskriechen der jungen Brut der Befriedigung seiner sexuellen Wißbegierde, die eigentlich dem Familienleben galt. Arpad hatte damit seine Objektwünsche nach dem Vorbild des Hühnerlebens geformt, so Freud in *Totem und Tabu*.

Ähnlich ist eine aus dem 17. Jahrhundert belegte Kinderpredigt beschrieben (Riedl/Klier 1957). Ein Abt hört einem Kind zu, das sitzt und nachdenkt:

Ein Huhn und ein Hahn – die Predigt geht an,
ein Huhn und ein Kalb – die Predigt ist halb,
eine Katze und die Maus – die Predigt ist aus.

Das animistische Denken der Kinder wurde von Zulliger (1967) auch als prälogisch und magisch beschrieben. Sehr häufig finden wir das magische Denken in den Abzählreimen wieder. Ihr Aufbau entspricht noch vollständig den altgermanischen Zauber- und Heilsprüchen. Die Zahlenreihe 1–3, 1–7, 1–13 sowie die Gruppe der »Drei Frauen« und die »Hex' im Keller« haben Beziehung zu Überlieferung und Aberglauben. Der Aufbau der Abzählreime besteht in einem erzählenden und einem bewirkenden Teil. Die Ausführung des Spiels ist ebenso bedeutsam wie das Auszählen selbst:

Die Kinder müssen z. B. ein Pfand geben oder einige Male um den Kreis hüpfen und dabei sagen »Ich bin dumm!«. Verschiedene Abzählreime werden verwendet:

Eins, zwei, drei, vier, fünf, sechs,
sieben, du mußt erst kochen Rüben.
Du mußt erst kochen Speck,
dann erst kannst du laufen weg!

Eins, zwei, drei, vier, fünf, sechs,
sieben, Sauerkraut und Rüben.
Hätt' die Mutter Fleisch gekocht,
dann wär ich geblieben!

Die einfachste Form lautet: »Eins, zwei, drei, piga, paga hei, du bist frei!« Die Zauberformeln reichen von »Du bist frei!« über »Du bist draußt!« und »Du bist weg!« zu »Du bist tot!«. Diese Sprüche erinnern auch an das »Hexeneinmaleins« (Goethe, *Faust 1*, Hexenküche):

Du mußt verstehn! Aus eins mach zehn und zwei laß gehn,
und drei mach gleich, so bist du reich.
Verlier die vier! Aus fünf und sechs, so sagt die Hex',
mach sieben und acht, so ist's vollbracht.
Und neun ist eins, und zehn ist kein's.
Das ist das Hexeneinmaleins!

Die Elemente von Allmacht, von Fluch-, Zauber- und Gebetsformeln spielen im Aberglauben, im religiösen Kult eine große Rolle. Der Glaube an die unwiderstehliche Macht der Gedanken, die man nur laut aussprechen muß, damit sie wirken (etwa wie im Reim: »du bist weg«), finden sich auch in der Zwangsneurose wieder. Ferenczi (1913) meint in *Entwicklungsstufen des Wirklichkeitssinnes*, daß es »dieses Stadium der Realitätsentwicklung ist, auf das Zwangsneurotiker zu regredieren scheinen, wenn sie vom Gefühl der Allmacht ihrer Gedanken und Wortformeln nicht abzubringen sind, und wenn sie, wie es Freud nachgewiesen hat, das Denken an die Stelle des Handelns setzen«.

Einige Kinderreime und Kinderlieder sind aus einem unmittelbaren historischen Kontext hervorgegangen, wie die Hornsignale der österreichischen Infanterie (Komponist Joseph Haydn). Diese wurden in verschiedenen Orten in Kinderlieder aufgenommen (Riedl/Klier 1957, 98):

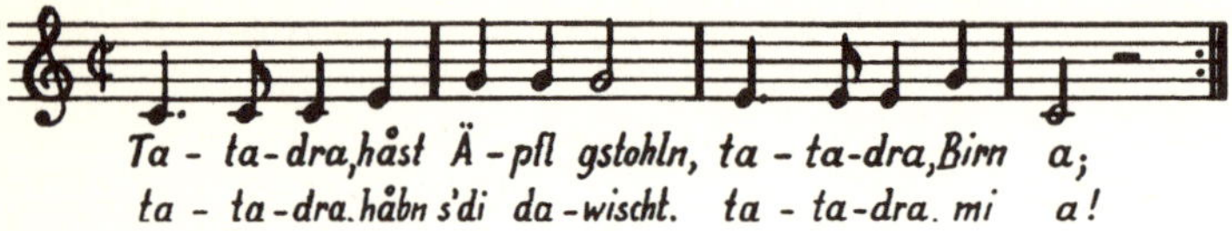

Tatadra, håst Äjpfl gstuhln,	Tatara, håst Äpfel gstohln,
Tatadra, i a,	Tatara, Birn a.
Tatadra, håbn s' mi dawischt,	Tatara, a Säckel voll,
Tatadra, di a!	Tatara, i a.

Ein anderes Beispiel aus dem Burgenland, das Weidenpfeifenspiel, ist eine nähere Betrachtung wert. Das Spiel bezieht sich auf die historische Erinnerung an die Kuruzzen (gegen die Habsburger aufständische ungarische Bauern), welche im Gefolge der Türkenkriege auch im Burgenland, im Seewinkel, auftraten. Folgender Spruch bezog sich direkt auf die Kuruzzen, dort als Felber (d. h. Weide) bezeichnet: »Felber, Felber geh, sonst wirf i di in See!«. Im Weidenpfeifenspiel machen sich die Buben aus Weidenholz ein Pfeifchen (Riedl/Klier 1957, 86):

Das Stück Weide, woraus der Knabe sein Pfeifchen macht, wird personifiziert, es wird demselben ein menschlicher Leib angedichtet, der Buckel, d. h. einen Rücken, und Arsch, d. h. einen Steiß hat.

Hammerl, Hammerl pi på,
Schlåg dem Felber die Haut å!

Pfeiferl, Pfeiferl, piepå,
Ziag in Fölba d'Haut å.

Hammerl, Hammerl, pi på,
Schneid das Kåtz in Schwoaf å,
Über 'n Årsch und über 's Lou,
Zui 'n Felba d'Haut å.

Felber, Felber, geh,
Ziag da Kåtz d'Haut å,
Wirf s' übern Gråbn,
Freßn s' hundert Schåbn,
Nigl-Mauñ, Nigl-Mauñ,
Leich ma deine Hosn åñ,
Wånnst ma s' nit willst leicha,
Soll s' da Felber streicha,
Hint åm Bugl, hint åm Årsch,
Wern meine Finger hoaß.

In diesem Spiel finden sich einige Elemente, die auf die Onaniesymbolik hinweisen: das In-die-Hand-Nehmen des saftigen (Holz-) Stückes und das rhythmische Schlagen deuten symbolisch auf die Kinderlust der infantilen Masturbation hin, wie sie hier unbewußt im Spiel dargestellt wird. Assoziativ deutet das Herunterziehen der »Felber-Haut« auf die Penisvorhaut hin. Die Masturbation wird in einer anderen Spruchversion noch deutlicher ausgedrückt: ». . . Hint' am Bugl, hint' am Arsch, wern meine Finger hoaß.«

Die sprachliche Ausdruckslust sowie die Lust am musikalischen Ausdruck und die damit verbundene Bewegungsfreude machen den ganz eigenen Charme der Kinderreime und Kinderlieder aus.

Als charakteristische Gestaltungsmittel kommen folgende Elemente zur Anwendung: die Lautmalerei, der Rhythmus und die Wiederholung. In der sprachlichen und musikalischen Gestaltung zeichnen sich Kinderreime und Kinderlieder durch eine einfache Anlage aus: Verwendung von gereimten Strophen und syllabische Vertonungsweise (ein Ton pro Silbe) einer diatonisch geführten Melodie. Informationstheoretisch betrachtet dient die Redundanz, also der Anteil an Wiederholungen, dazu, neue Informationen leichter aufnehmen zu können. Die typischen Sprach- und Melodieformen der Kinderreime und Kinderlieder weisen demnach genügend inhaltliche und formale Wiederholungselemente auf.

Der Rhythmus bezieht sich wesentlich auf die Vorliebe des Kindes für rhythmisches Schaukeln und geht häufig auf Bewegungsspiele mit den Erwachsenen zurück, z. B. auf so manches Schaukel- und Kniereiterspiel (»Hoppa, hoppa, Reiter«), wobei das Kind auf den Schenkeln sitzend genitale Reizung empfinden kann. Von der Traumsymbolik der Flugträume ist bekannt, daß diese Träume Eindrücke der Kinderzeit wiederholen, und, so Freud (1900, *Traumdeutung*, 384), »sich auf Bewegungsspiele beziehen, die für Kinder eine so außerordentliche Anziehung haben«.

Durch die Lautmalerei werden mit der Klang- und Lautsymbolik allgemein bestimmte Vorstellungen und Gefühle mit Hilfe von Sprachlauten wiedergegeben (miau für Katze, töff für Auto oder Motorrad). Phonetisch betrachtet werden den Vokalen bestimmte emotionale Qualitäten zuerkannt, weshalb sie als Empfindungslaute anmuten (Aaa für Behagen und Lust, Uuu für Schaudern, Iii für Ekel, Ooo für Staunen).

Die Vokale haben auch Bedeutung für die Gestaltung der Tonhöhen. Man beobachtete bei Kindern verschiedene Tonationstendenzen: Die hellen Vokale i und e rufen eine Übersteigerung der Tonhöhe hervor, die dunklen Vokale a, o, u dagegen eine Neigung zum Absinken der Tonhöhe. Auf dem vokalischen Gleichklang beruht auch die Wirkung des Endreims, er gliedert den Sprachrhythmus in überschaubare Teilabschnitte. Die Konsonanten werden ebenfalls affektiv wirksam: So kann etwa eine markante Staccato-Sprache im Sinne von Affektkontrolle gebraucht werden.

Typische »Klangwörter« kindlicher Sprech- und Liedtexte sind »Gi, ga, gack«, »Ri, ra, rutsch«, »Ringa, ringa, reia«, »Lirum, larum, Löffelstiel«. Dazu Kube in *Kind und Musik* (1965): »Für jüngere Kinder, welche die Erscheinungen ihrer Umwelt ausdrucksbeseelt erleben, stellen Klangwörter Lautgebärden dar.«

Kinder machen auch Wortspiele oder erfinden gerne neue Wörter. George Ferdière (1947) hat in französischen Kinderreimen Wortverbindungen, sogenannte »Mots-Valises« (»Wortkoffer«) untersucht, die im Zuge der Weiterentwicklung der Sprache entstanden sind: »Bouflu« ist entstanden aus einer Wortkreuzung von »bouffi« (schwülstig) und »joufflu« (pausbäckig), wobei interessant ist, daß »joufflu« seinerseits aus einer Verbindung entstanden ist: aus »gifle« (Ohrfeige) und »joue« (Wange). Neukreationen von Wörtern (Neologismen) werden psychopathologisch auch bei Schizophrenien oder Aphasien gebildet.

Als Gründe, wie diese Wortverbindungen entstehen, gibt Ferdière einerseits mangelnde Aufmerksamkeit des Kindes an, andererseits kann in der »emotionalen Wahrnehmung« ein Wort von einem ähnlich klingenden Wort assoziativ angezogen und so verändert werden. Ferenczi führt zur Sprachsymbolik an, daß gewisse Reihen von Sprachlauten mit bestimmten Dingen und Vorgängen in feste assoziative Verbindung gebracht und allmählich mit diesen identifiziert werden.

In der typischen Singsprache des Kindes (improvisierter Text- oder Sprechgesang), mit der es seine Aktivitäten begleitet, sind der sprachliche und der melodische Ausdruck noch eng verbunden. Melodien werden auch nur durch den Text identifiziert. Lieder, welche eine gleiche Melodie, aber einen anderen Text haben, sind »andere« Lieder. Bekannte Kinderlieder in der Leiermelodik, die durch melodische Spannungslosigkeit gekennzeichnet ist, sind: »Backe, backe, Kuchen«, »Ringa, ringa, reia«.

Die komplexe musikalische Entwicklung, die hier nur angedeutet werden kann, führt der musikalischen Form nach vom Eintonglissando (fallend) als früheste musikalische Äußerung über die Kleinterz (Rufterz), welche auch rhythmusbestimmend wird, zur charakteristischen Dreiklangsmelodik der Kinderlieder.

Betrachten wir die melodischen und sprachlichen Äußerungsformen von den Anfängen her, so wird deren psychologische Bedeutung klarer. Nach Klausmeier (1978) entwickelt sich die menschliche Fähigkeit zu singen und zu sprechen aus den frühen kindlichen oralen Äußerungsarten: aus dem Lallen und dem kindlichen Schrei mit ihren Zwischenformen, dem Jauchzen und Schluchzen. Manche dieser Formen sind noch als Singart erhalten, wie beispielsweise der Jauchzer im Gebirgsjodler oder der helle aggressive Schrei als musikalische Ausdrucksform in Afrika.

Mit dem Schrei erlebte der Säugling, wie seine Unlust – etwa Hungergefühle – beseitigt wurde; der Schrei hat spezielle Signalfunktion und wird von der Mutter auch so verstanden. Schreien und Zappeln werden vom Kind als magische Signale benützt, auf deren Ruf hin dann die Wahrnehmung der Befriedigung eintrifft. Diese Signale dienen also zur Erfüllung der tatsächlichen Wunschbefriedigung, entsprechend der Periode der magisch-halluzinatorischen Allmacht nach Ferenczi.

Das Lallen ist nach dem Stillen Ausdruck eines lustvollen Behagens und Wohlbefindens nach der erfolgten Wunschbefriedigung. Mit den Lallauten fängt der Säugling an zu »plaudern«, weshalb man sie im späteren Stadium auch Lallgesänge nennt. Dabei werden Reibe- und Schnalzlaute im natürlichen Atemrhythmus geformt. Laute entstehen bei der Nahrungsaufnahme selbst, insofern die Bewegungen von Zunge und Lippe besonders für das Saugen notwendig sind. Die Babysprache enthält also schon eine Menge von Tonproduktionen: lallen, gurgeln, rülpsen; später plappern (rrda, grra, dada).

Anna Freud (1944) betont für den Erwerb der Sprache und für die Sprachfortschritte zwei Faktoren: Der eine Faktor sei die Lust am Hervorbringen der Laute. Eine Lust, die zum Teil im Mund selbst lokalisiert ist und der Reizung der Mundschleimhaut dient und zum Teil auch auf der Art und Stärke des hervorgebrachten Tons beruht und damit der autoerotischen Befriedigung dient. Außerdem gehören das Daumenlutschen (Wonnesaugen) und das rhythmische Schaukeln zu den prägenitalen Befriedigungsweisen.

Als zweiten Faktor nennt Anna Freud den Drang nach Verständigung mit den wichtigsten Personen der Umwelt, insbesondere der Mutter. Dieser dient damit der objektlibidinösen Befriedigung. In der symbiotischen Objektbeziehung reagiert der Säugling auf Stimmungen, auf Worte und Laute der Mutter mit eigenen ersten Bemühungen zum sprachlichen Ausdruck.

In dieser Zeit können behutsame Fingerspiele ein Gefühl für Körperrepräsentanzen vermitteln, und die als angenehm erlebte Berührung kann das Kind selbst anregen, seine eigenen Körpergrenzen zu entdecken. Andererseits können aber Berührungsspiele auch als intrusiver Akt, als Eindringen in sein Körperinneres verstanden werden, wie etwa folgender Kitzelreim:

> Kommt eine Maus, baut ein Haus,
> kommt ein Mückchen, baut ein Brückchen,
> kommt ein Floh, der macht so!
> (Finger verschwindet kitzelnd unter der Achsel)

Mit dem Erwerb der Sprache eng verbunden ist die Entwicklung der Sphinkterkontrolle, wobei die Sprachfunktion für Stotterer häufig analsadistische Bedeutung hat. In den Objektbeziehungen dieser Phase spielt die Dualität von Geben und Zurückhalten eine große Rolle, die Fäzes (als Teil des Körpers ein wertvolles Produkt) werden zum Geschenk gemacht oder zurückgehalten. Nach Fenichel (1975) kann das Symptom des Stotterns auch als Verlegung des Analsphinkters nach oben angesehen werden. Die analerotische Natur des Sprechens wird unbewußt in bestimmten Situationen als sexualisierte Defäkation vorgestellt. Die Hemmung oder Lust am Spiel mit Worten hat unbewußt die Bedeutung einer Ausscheidung oder Verhalt der Fäzes selbst. Die Kontrolle der analen Sprache richtet sich unbewußt auf analerotische Aktivitäten wie in der Konsonantensprache. Anale Wünsche werden in verschiedenen Reimen zum Ausdruck gebracht, wie in Spottreimen beschrieben.

Eine analsadistische Sexualisierung des Sprechens bedeutet wie bei der Zwangsneurose eine Remobilisierung der kindlichen Entwicklungsstufe, in der Wörter als allmächtig angesehen und der unbewußten Auffassung nach zu einer gefährlichen Waffe werden. Obszöne Wörter und Flüche haben eine ursprünglich magische Bedeutung stärker erhalten.

Für die Sexualisierung der Sprachfunktion können aber auch die anderen Partialtriebe der infantilen Erotik wirksam werden. Fenichel führt die phallischen, die exhibitionistischen sowie die oralen Triebregungen an, welche beim Symptom des Stotterns eine charakteristische Rolle spielen.

Die Entwicklung der Sprache ist somit ein komplexer Prozeß analog der musikalischen Entwicklung. Sie beginnt auf der Stufe eines autoerotischen Brabbelns oder Schreiens, führt über die magische Beeinflussung mittels Stimmapparat zu einem allmählichen Verständnis einzelner Wörter und endet auf der Entwicklungsstufe, in der die Sprache als zweckgerichtetes Mittel der Kommunikation eingesetzt wird.

Welche Inhalte in Kinderreimen und Kinderliedern kommuniziert werden und welche Rolle diese im psychischen Geschehen spielen können, möchte ich anhand einiger Beispiele von Kinderreimen und Kinderliedern darstellen.

Im Wiegenlied, dem allgemein beruhigende Wirkung zugesprochen wird, sind überraschend oft Motive enthalten, die zum Bild der Mutter, die ihr Kind im Arm hält und in den Schlaf wiegt, nicht so recht passen:

> Schlafe, mein Kindchen, oben im Baum
> wiegt dich der Wind, spürst du es kaum.
> Bricht dann der Ast, fällst du herab,
> schläfst du für immer im dunklen Grund.

> Hush-a-bye, baby, on the tree top,
> when the wind blows, the cradle will rock.
> When the bow brakes the cradle will fall,
> down will come baby, cradle and all.

Wie läßt sich dieses Wiegenlied aus Sicht der Mutter verstehen? Sicher nicht nur aus der konkreten Situation heraus, daß die Mutter sehr müde und ungeduldig ist, und deshalb will, daß das Kind Ruhe gibt und endlich einschläft.

Winnicott (1958) gibt eine Reihe von Gründen an, weshalb die Mutter neben ihrer Mutterliebe auch Haßgefühle gegen ihr Kind entwickeln kann: Das Baby bedeutet während der Schwangerschaft und bei der Geburt eine Gefahr für ihren Körper; es ist nicht das Baby des magischen Kinderspiels, das Kind ihres Vaters; wenn sie am Anfang ihm gegenüber versagt, weiß sie, daß es sie dafür auf ewig zahlen lassen wird. Das Baby erregt und frustriert sie aber auch, sie darf es nicht vor Liebe auffressen oder sich sexuell mit ihm befassen.

Winnicott meint demnach: »Das Bemerkenswerteste an einer Mutter ist die Fähigkeit, sich von ihrem Baby so sehr verletzen zu lassen und so sehr zu hassen, ohne es dem Kind zu spüren zu geben, und ihre Fähigkeit, auf spätere Belohnungen zu warten, die eintreffen oder auch nicht« (S. 89). Das Wiegenlied dient dabei nicht zur Verleugnung des Hasses, sondern zur Bewältigung ihrer Haßgefühle. Und, so Winnicott: »Vielleicht helfen ihr dabei einige Kinderlieder, die sie singt und die das Kind genießt, aber glücklicherweise nicht versteht?«

Bezeichnend für viele Kinderreime und Kinderlieder ist die in ihnen enthaltene Aggressivität, die im folgenden französischen Kinderreim zum Ausdruck gebracht wird:

Margot la pie	Margot die Elster
A fait son nid	hat ihr Nest gemacht
Dans la cour à David	in dem Hof von David.
David l'attrape	David, der sie fängt,
Lui coupe la patte	schneidet ihr das Bein ab
Ric, rac, comme une patate!	Ritsch, ratsch, wie eine Kartoffel!
	(sieht sie jetzt aus)

Die Befriedigung über die sadistische Handlung (ritsch, ratsch) und das Resultat (wie eine Kartoffel) läßt sich nicht leugnen. Dieser Reim kann als Ausdruck für die oft heftigen Gefühle von Geschwisterrivalität verstanden werden und dann den Versuch für David bedeuten, seine Gefühle von Ambivalenz abzuführen. Der Reim stellt ebenso die Abwehr der Kastrationsangst dar, indem projektiv die Kastration an anderen durchgeführt wird.

In ähnlicher Weise kann das Lied »Mariechen saß auf einem Stein« einen Hinweis auf das Erleben feindseliger Gefühle gegenüber Geschwistern geben:

Mariechen saß auf einem Stein,
da kam der Bruder Karl herein.
Mariechen, warum weinest du?
weil ich doch heute sterben muß.
Er stach Mariechen in das Herz
Mariechen war ein Engelein
und Karl, der war ein Bengelein!

In symbolischer Darstellung deutet der Textinhalt »er stach Mariechen in das Herz« auf das Inzestmotiv hin.

Der Wunsch nach Selbständigkeit des Kindes und die damit verbundene Angst vor Liebesverlust finden sich in diesem Liedchen:

Hänschen klein ging allein, in die weite Welt hinein,
Stock und Hut steht ihm gut, ist gar wohlgemut.

Hier finden wir einen Hinweis, daß Hänschen wie ein Mann – mit Stock und Hut – die Welt erkunden will. Eigene Trennungsängste werden dabei auf die Mutter projiziert und verschoben:

aber Mutter weinet sehr, hat ja nun kein Hänschen mehr
da besinnt sich das Kind, kehret heim geschwind.

Das Lied dient dem Hänschen zur eigenen Angstbewältigung, indem die Angst auf die Mutter übertragen wird.

Die Trennungsproblematik kommt auch in einem ursprünglich dänischen Reim zum Ausdruck, den De Santis (1986) in englischer Sprache zitiert. Der kleine Jorgen von Jütland will in einem Kochtopf in die Welt hinaus segeln:

Jorgen from Jutland sailed in a pot
The pot split, Jorgen cried
Mother, mother once again.

Der »pot« kann sich in einer symbolischen Darstellung auch auf den Mutterleib beziehen und läßt sich dann als Geburtsphantasie verstehen. Die Geburt wird in der Traumsymbolik regelmäßig durch eine Beziehung zum Wasser ausgedrückt: man stürzt ins Wasser oder kommt aus dem Wasser heraus. Jorgen zieht sich selbst heraus, er rettet sich.

Viele Kinderreime und Kinderlieder weisen auf die phallische Symbolik mehr oder weniger unverhüllt hin und sind auf phallisch-infantile Exhibitionsgelüste gerichtet:

Alle meine Entchen
schwimmen auf dem See
Köpfchen unterm Wasser
Schwänzchen in die Höh.

Heile, heile Gänschen
wird schon wieder gut
Kätzchen hat kein Schwänzchen
wird schon wieder gut ...
(original)

Heile, heile Gänschen
das Mäuschen hat ein Schwänzchen
heile, heile Mäusespeck

Heile, heile Segen
morgen gibt es Regen
übermorgen Schnee

morgen ist alles wieder weg!
(zensiert)

Tut's dem Kindle nicht mehr weh!
(noch mehr zensiert)

Neben dem lebhaften Interesse am eigenen Sexualorgan erscheint die Angst um seine Unversehrtheit. Folgender Reim, der auf ein bekanntes Fingerspiel zurückgeht, deutet dies an:

Das ist der Bauer (Daumen),
der geht aufs Feld (Zeigefinger),
der hat die Sengst (Sense – Mittelfinger),
der sitzt im Korn (Ringfinger),
und da Kloani (kleiner Finger)
schreit:
Haut's ma nit den Kopf weg!

Der Bauer stellt den Vater dar, von dem (durch die Sense) die Kastrationsdrohung ausgeht. Der Reim bezieht sich dann auf die Kastrationsangst des »Kloanen« selbst.

Daß man Angst auch überwinden kann, sich einer Gefahr entziehen und ihr damit entkommen kann, zeigt folgender englischer Kinderreim:

Little Robin Redbreast sat upon a tree
up went Pussycat down went he.
Down went Pussycat away little Robin ran
said little Robin Redbreast »catch me if you can«.

Aus psychoanalytischer Sicht lassen sich manche Kinderreime und -lieder von ihrer tieferen Bedeutung her besser verstehen. Sie wurden von Phyllis Greenacre (zit. nach Rollin 1992) als »unschuldiger Redeschwall der Kindheit« (innocent exuberance of the childhood) treffend charakterisiert.

An den Schwierigkeiten, denen alle Kinder im Verlauf ihrer Entwicklung begegnen und an den Gefühlskonflikten, für die sie eine Lösung suchen, nehmen auch die Erwachsenen teil. De Santis meint, daß Kinderreime und Kinderlieder den Erwachsenen die Gelegenheit geben, ihren Kindern, wenn auch unbewußt, mitzuteilen: »Ja, wir wissen, wie es war – wir erinnern uns«.

Literatur

ALMANSI, R. (1986): *Humpty Dumpty*: A Screen Memory and Some Speculations on the Nursery Rhyme. American Imago 43, 35–49

ARNIM, A. v., BRENTANO, C. (1806): *Des Knaben Wunderhorn*. Insel, Frankfurt/M. 1974

BARTOS-HÖPPNER, B. (1990): *Das große Reimebuch für Kinder*. Betz, Wien

BETTELHEIM, B. (1975): *Kinder brauchen Märchen*. dtv, München 1991

BORNSTEIN, J. (1934): *Unbewußtes der Eltern in der Erziehung der Kinder*. Zeitschrift für psychoanalytische Pädagogik 8, 353–362

DE SANTIS, V. P. (1986): *Nursery Rhymes*. A Developmental Perspective. Psychoanalytic Study of the Child 41, 601–626

FENICHEL, O. (1975): *Psychoanalytische Neurosenlehre*. Band II. Walter, Olten

FERDIÈRE, G. (1947): *Interêt Psychologique et Psychopathologique des Comptines et Formulettes de L'enfance*. L'evolution Psychiatrique 3, 45–63

FERENCZI, S. (1913): *Entwicklungsstufen des Wirklichkeitssinnes*. In: Schriften zur Psychoanalyse. Band I. Fischer, Frankfurt/M. 1982

FREUD, A. (1944): *Anstaltskinder*. In: Die Schriften der Anna Freud. Band III. Fischer, Frankfurt/M. 1987

– (1965): *Wege und Irrwege in der Kinderentwicklung*. In: Die Schriften der Anna Freud. Band VIII. Fischer, Frankfurt/M.

FREUD, S. (1900): *Die Traumdeutung*. In: Studienausgabe. Band II. Fischer, Frankfurt/M. 1982

– (1913): *Totem und Tabu*. In: Studienausgabe. Band IX. Fischer, Frankfurt/M.

KLAUSMEIER, F. (1978): *Die Lust, sich musikalisch auszudrücken*. Rowohlt, Reinbek

KUBE, G. (1958): *Kind und Musik*. Kösel, München

Mother Goose Favourites (1989). Harper Collins, London

REIK, T. (1965): *In Gedanken töten. Bewußte und unbewußte Todeswünsche in psychoanalytischer Sicht*. Kindler, München 1981

RIEDL, A., KLIER, K. M. (Hrsg.) (1957): *Lieder, Reime und Spiele der Kinder im Burgenland*. Landesmuseum, Eisenstadt/Burgenland

ROLLIN, L. (1992): *Cradle and All*. University Press of Mississippi, Jackson

SCHNEIDER, E. (1932): *Kinderreigen*. Zeitschrift für psychoanalytische Pädagogik 6, 195–212

WINNICOTT, D. W. (1958): *Von der Kinderheilkunde zur Psychoanalyse*. Fischer, Frankfurt/M. 1991

WULFF, M. (1934): *Phantasie und Wirklichkeit im Seelenleben des Kleinkindes*. Zeitschrift für psychoanalytische Pädagogik 8, 307–318

ZULLIGER, H. (1967): *Heilende Kräfte im kindlichen Spiel*. Fischer, Frankfurt/M. 1991

Der *Räuber Hotzenplotz* und die psychischen Strukturen

Von ERLA MARIA AMMERER

Meine Bekanntschaft mit dem Räuber Hotzenplotz hat eine längere Vorgeschichte. Der Mann mit den sieben Messern und der Pfefferpistole war mir in der Kinderzeit unbekannt. Später war er mir zunächst nur vom Hörensagen ein Begriff, aber ich zollte ihm schon damals einigen Respekt. Es war mir nicht entgangen, daß er sich einer schnell wachsenden Anhängerschar von Vier- bis Achtjährigen erfreute.

Erst zu einer Zeit, als die Psychoanalyse schon seit längerem mein Beruf geworden war, machte ich sozusagen seine persönliche Bekanntschaft. *Alles vom Räuber Hotzenplotz* – so der Titel der Räubergeschichten von Otfried Preußler, die ich als Geschenk auf einen Kindergeburtstagstisch legte, zu einer Zeit, als das Buch schon zu einem Klassiker der Kinderliteratur geworden war. So lernte ich den Räuber Hotzenplotz durch das Vorlesen »auf dem zweiten Bildungsweg« kennen. Meine Zuhörer konnten nicht genug bekommen von Kasperl und Seppel, der Großmutter und Wachtmeister Dimpfelmoser, die alle auf der Jagd nach Hotzenplotz viel Aufregendes und Magisches erlebten, bis der Räuber schließlich vergnügt, aber gezähmt, in ihrer Mitte willkommen war. Ich bewunderte die Begabung des Autors, mit seinen Geschichten intuitiv Wesentliches in den Kindern einer bestimmten Altersgruppe anzusprechen, meine psychoanalytische Neugierde war geweckt.

Die handelnden Personen Hotzenplotz, Kasperl, Seppel und Großmutter und schließlich der Wachtmeister Dimpfelmoser lassen sich als die personifizierten Strukturen Es, Ich und Überich verstehen.

Die Geschichte stellt die Entwicklung und den Kampf der psychischen Strukturen miteinander dar und schildert dabei, wie aus einem triebhaften, egozentrischen Kleinkind ein sozial orientiertes

Mitglied einer Gemeinschaft wird. Dabei hilft das neu erworbene Überich dem reifer werdenden Ich, mit Es-Impulsen und magischen Vorstellungen – dargestellt als Zauberer Zwackelmann, Fee Amaryllis und Witwe Schlotterbeck – auf konstruktive Weise umzugehen.

Mit dieser Entwicklungsdynamik müht sich jedes Kind zusammen mit seinen Erziehern ab. »Objektiv ist nicht zu leugnen«, schreibt dazu Anna Freud (1968, 162), »daß fast alle normalen Elemente des infantilen Trieblebens (wie Gier, Habsucht, Eifersucht, Rivalität, Todeswünsche etc.) das Individuum in die Richtung der Dissozialität drängen, wenn sie ungeändert bleiben, und daß Sozialisierung mit ihrer Abwehr gleichbedeutend ist.«

Es wäre zu wünschen, daß alle drei psychischen Strukturen nach ihrem Weg durch die »magischen Jahre« (Fraiberg 1972) in jedem Kind so vergnügt miteinander kooperieren könnten, wie Hotzenplotz und Co. schließlich nach aufregenden Abenteuern gemütlich an einem Tisch beisammen sitzen können.

Ein Kind wird mit einem Reservoir an psychischer Energie, dem Es, geboren. Die Energie des Sexualtriebes, auch Libido genannt, dient der Erhaltung, Fortpflanzung und Bindung des Lebens. Die destruktive Kraft des Aggressionstriebes drängt zur Auflösung von Verbindungen und zur Zerstörung.

Normales kindliches Verhalten setzt das Vorhandensein beider Triebelemente voraus, die schon bald nur mehr gemischt auftreten und je nach ihrem Anteil als Bravheit oder Schlimmheit erscheinen (A. Freud 1935).

Die Anforderungen des Es gegenüber denen der Umwelt machen es notwendig, daß das Kind neue psychische Dynamiken entwickelt, die sogenannten Ichfunktionen. Das Ich mit seinen Funktionen hat also die Aufgabe, zwischen dem Verlangen nach Befriedigung, das vom Es ausgeht, und den Umweltanforderungen zu vermitteln.

Zu den wichtigsten Ichfunktionen gehören die Realitätsprüfung, die wiederum auf der Entwicklung von Gedächtnisfunktion und Sprache beruht, weiters logisches, kausales Denken und Probehandeln. Auch die Beherrschung der Motilität ist ein wesentlicher Bestandteil der Ichentwicklung. Zusätzlich helfen die Abwehrmechanismen dem Ich, mit unvereinbaren Ansprüchen von Es, Überich und Außenwelt fertig zu werden.

Dort, wo das kindliche Ich noch zu unreif ist, um einen effizienten Umgang mit Triebansprüchen und Realitätsanforderungen zu gewährleisten, stellen die versorgenden Bezugspersonen, also wichtige Erwachsene, ihre Ichfunktionen zur Verfügung. Sie werden zum Hilfsich des Kindes. Sie versuchen, seine Bedürfnisse zu verstehen, solange es noch nicht selbst sprechen kann, sie bewahren es vor Gefahr, solange es die Gefahr nicht selbst einschätzen kann. Wenn nötig, setzen sie dem Kind Schranken, wenn es sich noch nicht selbst beherrschen kann.

Bis etwa zum sechsten Lebensjahr entwickelt sich schließlich das Überich aus dem laufenden Umgang mit den Wünschen der Umwelt. Die Ge- und Verbote der Eltern als Repräsentanten ihrer Kultur werden internalisiert und machen das Kind teilweise unabhängig von elterlicher Kontrolle und selbständig im sozialen Umfeld außerhalb der Familie.

Das Es ist somit ein ständiger Gegenpol zur Sozialisierung. Die prägenitale Sexualität und infantile Aggression als Kern des kindlichen Trieblebens müssen weitgehende Umformungen durchmachen, ehe sie zu erlaubten Äußerungen zugelassen werden können (A. Freud 1968).

Gleichgültig, welchem Erziehungsstil die Erwachsenen anhängen, Erziehung bedeutet für das Kind immer die Erfahrung von Einschränkung. In dem Moment, in dem das kindliche Es im Widerspruch zu Umwelt oder Überich (bzw. zu beiden) steht, entsteht ein Konflikt, für den das Ich eine Lösung finden muß.

In der spannenden Geschichte von Räuber Hotzenplotz kann sich ein Kind mühelos wiedererkennen, kann seine Identifizierungen zwischen den Repräsentanten von Es, Ich und Überich lustvoll hin- und herwandern lassen und die angebotene Lösung am Ende des Buches aufgrund eigener Bedürfnisse anerkennen.

Zunächst aber zum ersten Teil der Geschichte:

Der Räuber Hotzenplotz lebt in seiner Räuberhöhle im Wald. Mit seinen sieben Messern und der Pfefferpistole ist er ein gefährlicher Bösewicht. Seine brutalen Raubzüge verunsichern immer wieder die Bewohner des kleinen Städtchens, in dem Kasperl und Seppel bei Großmutter wohnen und der Wachtmeister Dimpfelmoser für Ruhe und Ordnung sorgt.

Diesmal beraubt Hotzenplotz ohne Federlesen Großmutter um ihre geliebte Kaffeemühle, die sie von Kasperl und Seppel zum Geburtstag bekommen hat. Daraufhin wird Hotzenplotz wieder einmal steckbrieflich gesucht. Kasperl und Seppel wollen ihn mit List fangen. Aber Hotzenplotz durchschaut den Schwindel und fängt sie selbst ein. Da Kasperl und Seppel aber Zipfelmütze und Hut getauscht haben, um sich ein wenig zu tarnen, beginnt für Hotzenplotz und dessen alten Freund Petrosilius Zwackelmann ein fatales Verwirrspiel. Seppel muß bei Hotzenplotz bleiben und sich für ihn krummarbeiten, den Kasperl nimmt Hotzenplotz zu dem großen und mächtigen Zauberer Zwackelmann mit und tauscht ihn als Haushaltshilfe gegen einen riesigen Sack Schnupftabak ein.

Seppel fügt sich resigniert in sein Schicksal. Kasperl hingegen sinnt sofort auf Abhilfe, entdeckt dabei die in eine Unke verzauberte Fee Amaryllis und erlöst und befreit sie. Mit ihrer Hilfe gelingt es, Zwackelmann unschädlich zu machen. Dieser verzaubert aber noch vor seinem Ende Hotzenplotz aus Wut in einen Gimpel im Vogelkäfig.

Diesen Gimpel bringen Kasperl und Seppel frohgemut ins Städtchen, überraschen damit den Wachtmeister Dimpfelmoser und verwandeln den Vogel mit Hilfe des Wunschringes der Fee Amaryllis zurück in den Räuber. Der wird arretiert und ins Spritzenhaus gesperrt.

Nach diesen drei aufregenden Tagen sitzen Kasperl und Seppel bei Großmutter, Kaffeemühle, Kaffee und Kuchen und berichten über ihre spannenden Abenteuer.

Hotzenplotz als personifiziertes impulsiv-triebhaftes Es sorgt also sofort für große Aufregung (Preußler 1987, 5f.):

Auch heute hatte sie (die Großmutter) die Kaffeemühle schon zum zweiten Mal aufgefüllt, und eben wollte sie weitermahlen – da rauschte und knackte es plötzlich in den Gartensträuchern, und eine barsche Stimme rief: »Her mit dem Ding da!« Großmutter blickte verwundert auf und rückte an ihrem Zwicker. Vor ihr stand ein fremder Mann mit einem struppigen schwarzen Bart und einer schrecklichen Hakennase im Gesicht. Auf dem Kopf trug er einen Schlapphut, an dem eine krumme Feder steckte, und in der rechten Hand hielt er eine Pistole. Mit der Linken zeigte er auf Großmutters Kaffeemühle.
»Her damit, sage ich!«
Aber Großmutter ließ sich nicht bange machen.
»Erlauben Sie mal!« rief sie entrüstet. »Wie kommen Sie da herein – und was fällt Ihnen ein, mich so anzuschreien? Wer sind Sie eigentlich?«
Da lachte der fremde Mann, daß die Feder an seinem Hut nur so wackelte.
»Sie lesen wohl keine Zeitung, Großmutter? Denken Sie mal scharf nach!«
Jetzt erst sah Großmutter, daß in dem breiten Ledergürtel des Mannes ein Säbel und sieben Messer steckten. Da wurde sie blaß und mit ängstlicher Stimme fragte sie:
»Sind Sie etwa der Räuber Hotzenplotz?«
»Der bin ich!« sagte der Mann mit den sieben Messern. »Machen Sie keine Geschichten, das mag ich nicht. Geben Sie mir sofort die Kaffeemühle!«

Was kann Großmutter gegen diese dreiste Übermacht ausrichten? Sie ist zwar ein gütiges und liebenswertes Hilfsich für die jungen Ich-Repräsentanten Kasperl und Seppel, aber erstens sind die beiden nicht zu Hause, und zweitens ist Großmutter angstgelähmt. Aber selbst alle drei zusammen wären zu schwach, um gegen dieses Es etwas auszurichten.

Zu den Ähnlichkeiten zwischen der Prägenitalität – also den ersten sechs Lebensjahren – und der Adoleszenz sagt Anna Freud (1936, 160): »... jedesmal (steht) ein relativ starkes Es einem relativ schwachen Ich gegenüber.« Das Ich sollte schließlich die innere und äußere Realität selbständig bewältigen lernen – aber bis dorthin ist es ein langer Weg. Natürlich könnte das Ich die Hilfe des Überichs in Anspruch nehmen. Aber eingespielt ist das Miteinander noch lange nicht:

Als Kasperl und Seppel ebenso wie Wachtmeister Dimpfelmoser Großmutters Hilferuf hören, stoßen sie vor der Gartentür fast zusammen, so daß sich Herr Dimpfelmoser erheblich aufregen muß (Preußler 1987, 11 ff.):

> »Könnt ihr nicht aufpassen?« schimpfte er. »Ihr behindert mich in der Ausübung meines Dienstes, und das ist strafbar!« (...)
> Eifrig zückte der Wachtmeister seinen Bleistift und schlug das Notizbuch auf. »Berichten Sie alles der Reihe nach, Großmutter! Aber bleiben Sie streng bei der Wahrheit und sprechen Sie deutlich und nicht zu schnell, daß ich mitschreiben kann. – Und ihr beiden«, er wandte sich Kasperl und Seppel zu, »ihr verhaltet euch mäuschenstill, bis wir fertig sind mit dem Protokoll, denn das ist eine Amtshandlung! Ist das klar?«

Dimpfelmoser hat also alle Züge des kindlichen Überichs: Er ist etwas einfältig, unterscheidet ohne Facetten schlicht zwischen gut und böse, richtig und falsch, und nimmt seine Polizeifunktion dabei entsprechend wichtig.

Kasperl und Seppel stellen die verschiedenen Aspekte des kindlichen Ichs nach der Zeit der Individuation dar (Mahler 1983), entsprechen in ihrer Handlungsbeweglichkeit aber ebenso dem Latenzkind (Sarnoff 1976). Kasperl präsentiert dabei den progressiven Aspekt in der Entwicklung, er packt die Dinge aktiv an, Seppel zeigt die Neigung zur Regression: Ohne Kasperls Zugkraft wird er passiv und unglücklich.

Zwackelmann und Amaryllis verkörpern das Magische der frühen Kinderjahre. »Unter magisch verstehe ich nicht«, schreibt Fraiberg (1969, 7), »daß das Kind in einer verzauberten Welt lebt, in der alle seine tiefsten Sehnsüchte befriedigt werden (...). Eine magische Welt ist eine unbeständige, zu Zeiten sogar eine gespenstige Welt, und wenn das Kind im Dunkeln tastet auf seinem Weg zur Vernunft und zu einer objektiven Welt, muß es mit den gefährlichen Geschöpfen seiner Vorstellung kämpfen und mit den wirklichen und eingebildeten Gefahren der äußeren Welt.«

Zwackelmann herrscht triumphierend omnipotent im Sinn der präödipalen Grandiosität:

> »Ei, was höre und sehe ich?« rief er. »Der Seppel will ausreißen! Aber, aber, wer wird denn so dumm sein, Seppel? Aus meinem Zauberschloß gibt es keinen Weg hinaus. ... Leg dich nun schlafen, Seppel, und störe mich künftig nie mehr in meiner Nachtruhe – sonst ...«
> Ein Blitz fuhr hernieder und schlug eine knappe Handbreit vor Kasperls Fußspitzen in den Erdboden. Kasperl bekam einen Riesenschrecken, und droben,

> im fünften Stock seines Schloßturmes, knallte der große Zauberer Petrosilius Zwackelmann unter Hohngelächter das Fenster zu.

Erst die Fee Amaryllis kann ihm mit ihrem lieblichen Zauber Einhalt gebieten und bezaubert dabei gleich Kasperl und Seppel ganz im ödipalen Sinn (Preußler 1987, 97):

> Sie leuchtete wie die Sonne. Alles an ihr, das Gesicht und die Hände, ihr Haar und das lange goldene Kleid war so schön, daß es nicht zu beschreiben ist.
> »Oh!« dachte Kasperl, »ich glaube, ich werde blind, wenn ich länger hinsehe ...«
> Aber wegschauen? Wegschauen konnte er auch nicht. So schaute er vorsichtshalber mit einem Auge, das andere kniff er zu.

Schließlich müssen Kasperl und Seppel doch von der Fee Amaryllis Abschied nehmen, um Hotzenplotz in sicheren Gewahrsam zu bringen.

Welche Abenteuer warten danach aber schon wieder auf die beiden?

Wieder schlägt Hotzenplotz zu. Mit einer List lockt er den in der Zwischenzeit zum Oberwachtmeister ernannten Herrn Dimpfelmoser in das Spritzenhaus, betäubt ihn, zieht sich die Polizeiuniform an, fesselt sein Opfer, sperrt es ein und sucht das Weite. Er überfällt Großmutter, schlägt sich mit dem kompletten Mittagessen von neun Bratwürsten mit Sauerkraut den Bauch voll und macht sich zu seiner Räuberhöhle auf. Er hat vor, sich an Kasperl und Seppel zu rächen.

Es dauert geraume Zeit, bis Hotzenplotzens neueste Schurkerei durchschaut, Großmutter nicht mehr ohnmächtig und Herr Dimpfelmoser wieder würdig eingekleidet ist. Der Versuch, Hotzenplotz wieder in das Spritzenhaus zu locken, schlägt fehl – jetzt sitzen Kasperl und Seppel dort eingesperrt und mit ihnen der Oberwachtmeister, den die beiden irrtümlich für Hotzenplotz gehalten hatten.

Inzwischen setzt Hotzenplotz seinen Untaten die Krone auf, indem er Großmutter entführt und für sie Lösegeld verlangt. Herr Dimpfelmoser findet einen Weg, um sich und die anderen zu befreien. Verzweifelt suchen sie Großmutter – umsonst. Da erinnert sich Herr Dimpfelmoser an die Hellseherin Portiunkula Schlotterbeck, eine Schlafrock- und Zigarrenbewehrte Dame mit einem Krokodil, in das sie einst ihren Dackel Wasti unbedacht verzaubert hatte.

Die Übergabe des Lösegeldes mißlingt – Hotzenplotz nimmt mit dem Geld auch Kasperl und Seppel gefangen. Mit Hilfe der Wahrsagekugel von Frau Schlotterbeck kann Herr Dimpfelmoser die Ereignisse verfolgen. Mit Wasti macht er sich zur Räuberhöhle auf und kann Hotzenplotz dort auch schon in Haft nehmen – diesmal waren wieder einmal die anderen schlauer.

Bei Bratwurst und Sauerkraut wird der Sieg über Hotzenplotz gefeiert – diesmal sitzt er zur Sicherheit im Kreisgefängnis. Und Kasperl und Seppel haben einen neuen Plan: Sie wollen Wasti Schlotterbeck zu seiner alten Gestalt verhelfen.

Noch einmal präsentiert sich also Hotzenplotz mit seiner unbeherrschten Gier und Dissozialität (Preußler 1987, 129ff.):

> »Bratwurst mit Sauerkraut!« sagte er hingerissen. »Vierzehn Tage lang Wasser und Brot – und jetzt Bratwurst mit Sauerkraut!«
> »Los!« rief er. »Her mit den Bratwürsten und dem Sauerkraut, ich hab Hunger und bin in Eile!« (...) Kasperls Großmutter warf einen Blick auf die Küchenuhr, es war acht Minuten nach zwölf. Wo nur Kasperl und Seppel blieben? Sie nahm einen Teller aus dem Geschirrschrank und tat eine Bratwurst und einen Löffel Kraut darauf.
> »Eine Bratwurst?!« Der Räuber schlug mit der Faust auf den Tisch. »Sie sind doch nicht recht bei Trost? Ich will alle Bratwürste haben und alles Kraut, das im Topf ist. Verstanden?«
> Großmutter mußte zusehen, wie Hotzenplotz über die Bratwürste herfiel (...), das Sauerkraut aß er gleich aus dem Topf. Daß er dabei das Tischtuch bekleckerte, war ihm einerlei.

Hotzenplotz lebt weiter nach dem Lustprinzip. Das Realitätsprinzip mit seiner Anforderung, Triebversagungen oder Triebverzicht zu ertragen, Triebziele zu verschieben oder sich mit zielgehemmten Ersatzbefriedigungen zufriedenzugeben (A. Freud 1968, 158), steht noch in weiter Ferne.

Aber der weiteren Entwicklung der Geschichte ist bereits zu entnehmen, daß bei allen Untaten des Es die Funktionstüchtigkeit des Überich trotz der Übertölpelung schon deutlich zugenommen hat –

Herr Dimpfelmoser ist nicht umsonst zum Oberwachtmeister befördert worden, er wird einfallsreicher und schlauer. Er engagiert die Witwe Schlotterbeck mit ihrer Hellseherei – es geht nicht mehr um Zauberei und Magie, die hat Frau Schlotterbeck nach dem Desaster mit Wasti aufgegeben, es geht nur mehr um Hellsichtigkeit, wie sie auch ein Kind erlebt, wenn es sich von den Erwachsenen durchschaut fühlt. Und schließlich wird Hotzenplotz in einen deutlich sichereren Gewahrsam genommen.

Im dritten Teil kommt es nun zur notwendigen Konsolidierung von Es, Ich, Überich und der magischen Welt:

Schon wieder taucht Hotzenplotz in Großmutters Garten auf – diesmal tatsächlich mit den besten Absichten: Er wurde wegen guter Führung frühzeitig entlassen. Es beginnt ihn zu stören, daß die Leute ihn nicht mögen, er spürt die Mühe und Einsamkeit des Räuberlebens.

Doch er muß die böse Erfahrung machen, daß ihm niemand glaubt, weder Großmutter noch der weiterbeförderte Hauptwachtmeister Dimpfelmoser. Hotzenplotzens Vorbereitungen, sich von Schießpulver, Pistole und Messern zu trennen – von Witwe Schlotterbeck mit Hilfe ihrer Kristallkugel verfolgt –, werden von allen mißverstanden. Sie glauben, Hotzenplotz wolle sich von neuem zu Schandtaten rüsten.

Die ersten, die die Veränderung an Hotzenplotz verstehen und an sie glauben, sind Kasperl und Seppel. Sie versprechen Hotzenplotz, auch die anderen zu überzeugen. Doch Hotzenplotz gibt auf, nachdem er wieder verdächtigt wird. Er verschwindet. Kasperl und Seppel machen sich mit Wasti Schlotterbeck auf die Suche. Lange sind sie unterwegs, erst auf der hohen Heide finden sie ihn und können ihn auch zur Rückkehr bewegen. Doch auch für Wasti gibt es eine große Wende: Er frißt vom Feenkraut, das schon der Fee Amaryllis geholfen hat – und schon ist er der gute alte Dackel, der er gewesen war. Frau Schlotterbeck bricht in Tränen aus, als sie den echten Wasti wiedersieht, da muß ein Fest gefeiert werden. Auch Hotzenplotz ist eingeladen, alle sitzen fröhlich um den Tisch.

Hotzenplotz ist ratlos in bezug auf seine Zukunft. Da wirft Frau Schlotterbeck einen Blick in die Karten und sieht, daß sich auch für Hotzenplotz alles zum Guten wendet: Er wird der Räuberwirt zum Gasthaus »Zur Räuberhöhle im Wald«. Und alle Anwesenden sind zur Eröffnung eingeladen.

Hotzenplotz muß erst drastisch die Versagung jeglichen Lustgewinns erleben, um zu erwägen, ob eine Anpassung an die Forderungen der Umwelt nicht einen brauchbaren Kompromiß abgeben könnte (Preußler 1987, 302):

> Hotzenplotz nahm einen Schluck aus der Sliwowitzflasche.
> »Natürlich hat der Beruf eines Räubers auch schöne Seiten. Die Waldluft hält einen jung und gesund; für Abwechslung ist gesorgt; und solange man nicht im Loch sitzt, führt man ein wildes und freies Leben – aber . . .«
> An dieser Stelle legte er eine Pause ein und genehmigte sich einen weiteren Sliwowitz.
> »Kurz und gut: auf die Dauer wird mir die Sache zu anstrengend. Nichts ist lästiger auf der Welt, als ständig den bösen Mann zu spielen! Immerzu Missetaten verüben müssen, auch wenn einem gar nicht danach zumute ist; immerzu Großmütter überfallen und Fahrräder klauen; und immerzu auf der Hut vor der Polizei sein: das zehrt an den Kräften und sägt an den Nerven, glaubt mir das.«

In dieser Zeit hat das Ich (Kasperl und Seppel) viel zu tun, um zwischen Es und Überich eine brauchbare Verständigung herzustellen, doch mit dem Entgegenkommen von allen Seiten läßt sich eine Lösung finden. Das Überich ist verläßlich und flexibel geworden, das Hilfsich (Großmutter) verständnisvoller, und die magische Welt hat sich der Realität zugewandt. Das Es hat im Sozialisierungsprozeß gelernt, daß ein teilweiser Triebverzicht keineswegs alle lustvolle Befriedigung ausschließt, daß aber auch mit Hilfe der Sublimierung einiges zu erreichen ist, besonders dann, wenn man von jener Gemeinschaft anerkannt wird, zu der man gehören will. Frau Schlotterbeck gibt den Anstoß (Preußler 1987, 361f.):

»Sie holte ein Kartenspiel aus der Truhe, dann schob sie die Tassen beiseite und legte die Karten auf...
»Wissen Sie, was das heißt?«
»Keine Ahnung.«
»Das heißt«, rief Frau Schlotterbeck, »daß Sie ein Wirtshaus aufmachen werden!«
»Ein Wirtshaus?«
»Das Wirtshaus ›Zur Räuberhöhle im Wald‹ – oder wüßten Sie einen besseren Namen dafür?«
(...) »Ein Wirtshaus im Walde, hö-hööóh! Und Sie, meine Herrschaften, wie Sie da sitzen, sind zur Eröffnung eingeladen – auf Räuberschmaus, Schwammerltunke mit Knoblauch und Sliwowitz ... falls die Polizei nichts dagegen hat.«

Keiner hat etwas dagegen, im Gegenteil, alle feiern das bevorstehende Ereignis mit einem kräftigen »Prosit!«.

Otfried Preußler hat mit seinem Buch über den Räuber Hotzenplotz Geschichten geschaffen, die er als Spielwiesen für die Phantasie bezeichnet, die die Kinder neben Erziehung und Belehrung dringend als Freiraum benötigten (Plechita/Weitbrecht 1988).

Preußler kommt aus einer Familie, in der das Geschichtenerzählen Tradition hatte, und er mußte später als Schullehrer Klassen mit über fünfzig Schülern in Zaum halten. Einer seiner Vorgesetzten gab ihm den Rat, die Kinder nicht mit Lautstärke oder Strafen zu bändigen, sondern mit Geschichtenerzählen, das somit zu einem Prüfstein seiner täglichen Berufsanforderung wurde. Preußler: »Es bedeutet, wenn man für Kinder schreibt, daß man sich einigermaßen auf sie verstehen, daß man den Radius der von ihnen erfahrenen Wirklichkeit richtig einschätzen muß. Sonst läuft man Gefahr, über ihre Köpfe hinweg, an ihrer Phantasie vorbeizuschreiben.« (nach Plechita/Weitbrecht 1988, 121)

Preußler weist darauf hin, daß nicht der sprachliche Detailreichtum zählt, sondern »... es kommt darauf an, daß ich versuche, seiner (des Lesers) Phantasie mit möglichst wenigen Worten die richtigen Impulse zu geben« (120).

Diesen Freiraum hat auch der Illustrator von Hotzenplotz, F. J. Tripp, nützen können. Ihm ist eine ausgezeichnete zeichnerische

Umsetzung der typisierten Gestalten gelungen, er läßt Hotzenplotz (und die anderen) erstehen, wie er leibt und lebt.

Aus psychoanalytischer Sicht ist die Geschichte vom Räuber Hotzenplotz eine lustbesetzte Bewältigungshilfe für all die Spannungen, die die Entwicklungsprozesse jedem Kind bringen; oder, mit Preußlers Worten (1993):

»In Geschichten erleben Kinder eine erste Begegnung mit der Welt der Literatur. Sie machen die grundlegende, für ihr weiteres Leben möglicherweise entscheidende Erfahrung, was es bedeutet, sich von einer Geschichte einfangen zu lassen, an ihrem Beispiel, mit ihrer Hilfe einen Blick in die innersten Zusammenhänge, die verborgenen Triebkräfte ihrer und unserer Welt zu tun.«

Literatur

FRAIBERG, S. (1972): *Die magischen Jahre.* Rowohlt, Reinbek

FREUD, A. (1935): *Psychoanalyse für Pädagogen.* Huber, Bern 1971

– (1936): *Das Ich und die Abwehrmechanismen.* Imago, London 1952

– (1968): *Wege und Irrwege in der Kinderentwicklung.* Huber/Klett, Stuttgart

MAHLER, M. S. (1983): *Symbiose und Individuation.* Klett-Cotta, Stuttgart

PLETICHA, H., WEITBRECHT, H. (Hrsg.) (1988): *Das Otfried Preußler Lesebuch.* dtv, München

PREUẞLER, O. (1987): *Alles vom Räuber Hotzenplotz.* Thienemanns, Stuttgart

– (1993): *Geschichten für Menschenkinder.* Vortrag bei der Festveranstaltung der Sudetendeutschen Akademie der Wissenschaften und Künste am 3.12.1993 in München. Jugendbuchmagazin 1/94, 25-30. Kleve-Warbeyen

SARNOFF, CH. (1976): *Latency.* Jason Aronson, New York

Vernichtungs- und Rettungsphantasien in der Kinder- und Jugendliteratur

Von ERNST BEER

Der Umstand, daß so viele Kinder und Jugendliche in der realen Welt von Vernichtung bedroht und getroffen sind und kaum Aussicht auf Rettung haben, hat mich dazu gebracht, zu überlegen, wie es damit in den inneren Welten der bewußten und unbewußten Phantasien aussieht, von denen die Literatur berichtet.

Setzt man sich einem solchen Zurückerinnern aus, nimmt man sich die Bücher seiner Jugend noch einmal mit dem distanzierten, kritischen Ernst des Erwachsenen vor, so ist der eigentliche Grund wohl, daß man ihr faszinierter Leser geblieben ist. Diese Bücher waren ja einmal der unbekannte Kontinent, bei dessen Erforschung wir nichts anderes entdeckten als unsere eigenen Gefühle. Es darf uns also gar nicht verwundern, wenn der Entdeckerwunsch der gleiche geblieben ist. Der sozusagen wissenschaftliche Ernst des Unternehmens ist ja wahrscheinlich die Rechtfertigung, die wir vorschieben, um die gar nicht so gefahrlose Expedition nochmals unternehmen zu dürfen.

Eben diese Distanz erlaubt uns aber zu sehen, daß wir als Kinder uns die Bücher ja nicht selbst ausgesucht hatten, sondern von unseren Eltern, Verwandten und Lehrern vorgesetzt bekamen. Das Kind konnte erst die zweite Wahl treffen, indem es manche Bücher beiseite legte, andere mit größtem Vergnügen und Gruseln immer wieder las.

Damit ein Kinder- oder Jugendbuch ein dauernder Erfolg wird, muß es also zu einer Übereinstimmung zwischen den Bedürfnissen des Autors, die ihn zur Kreation veranlaßten, den Bedürfnissen der Erwachsenen, die sie zur Auswahl bestimmten, und den Bedürfnissen des jugendlichen Lesers kommen, die sich in Ablehnung oder Begeisterung äußern.

Mir scheint, daß alle drei Gruppen wissen, daß es beim Schreiben, bei der Auswahl und bei der Rezeption um eine Art von Erziehungsarbeit geht. Über den Zusammenhang zwischen Literatur und Erziehung finden wir nun in Freuds *Formulierungen über zwei Arten psychischen Geschehens* (1911, 236f.) einige aufschlußreiche Sätze:

> »Die Erziehung kann ohne weiteres Bedenken als Anregung zur *Überwindung* des Lustprinzips, zur Ersetzung desselben durch das Realitätsprinzip beschrieben werden; ... die *Kunst* bringt auf einem eigentümlichen Weg eine *Versöhnung* der beiden Prinzipien zustande. Der Künstler ist ursprünglich ein Mensch, welcher sich von der Realität abwendet, weil er sich mit dem von ihr geforderten Verzicht auf Triebbefriedigung nicht befreunden kann und seine erotischen und ehrgeizigen Wünsche im Phantasieleben gewähren läßt. Er findet aber den Rückweg aus dieser Phantasie zur Realität, indem er dank *besonderer Begabungen* seine Phantasie zu einer neuen Art von Wirklichkeit gestaltet, die von den Menschen als wertvolle Abbilder der Realität zur Geltung zugelassen werden ... Er kann dies aber nur darum erreichen, weil die anderen Menschen die nämliche *Unzufriedenheit* mit dem real erforderlichen Verzicht verspüren wie er selbst, weil diese bei der Ersetzung des Lustprinzips durch das Realitätsprinzip resultierende Unzufriedenheit selbst ein Stück Realität ist.« (Hervorhebungen durch E. B.)

Wir haben es also mit lauter Unzufriedenen zu tun, die teils Erziehungsarbeit leisten, teils erzogen werden sollen. Das Wort »Überwindung«, das Freud verwendet hat, zeigt an, daß es beim Sieg des Realitätsprinzips um einen harten Kampf gehen muß.

Wie sieht es nun mit der Versöhnung der beiden Prinzipien aus, die die Literatur nach Freud zustande bringen soll? Der Dichter soll wohl den Eltern bei der Erziehungsarbeit helfen, es scheint aber, daß er kein sicherer Bundesgenosse dabei ist; wenn er den Kindern vorführen soll, daß Erwachsensein Vorteile bringt, so ist er selber nie ganz überzeugt davon, er tut nur so, denn niemand weiß über die Schwierigkeiten des Kampfes besser Bescheid als er.

Bei den Erwachsenen sieht es vielleicht nicht viel anders aus. Sie wollen einesteils von den Dichtern unterstützt werden in ihrer Arbeit, ihre Kinder auf den Weg der Tugend, also des Triebverzichtes zu führen, andernteils wollen sie ihren mühsam errungenen Erwachsenenstatus gerne noch einmal in der Phantasie mit der Zeit des Protestes und der Angst vertauschen.

Was die jugendlichen Leser betrifft, so ahnen sie bereits, daß ihnen das Erwachsenwerden nicht erspart bleiben wird, und sie suchen besonders solche Dichter als Gefährten, die ihnen versichern, sie wüßten, daß es hier um einen Kampf auf Leben und Tod geht, mit drohender Vernichtung und prekärer Rettung, und daß der Sieg des Realitätsprinzips gar nicht so vorteilhaft ist, wie man ihnen einredet.

Die drei Bücher, die ich besprechen möchte, Wilhelm Buschs *Max und Moritz,* Mark Twains *Tom Sawyers Abenteuer* und Lewis Carrols *Alice im Wunderland*, gelten, obwohl schon über 100 Jahre alt, noch immer als klassische Modelle der Kinder- und Jugendliteratur, müßten also gelungene Produkte der Versöhnungsarbeit sein, von der Freud spricht. Wer würde nicht gerne erfahren, was für Werkstattgeheimnisse die Autoren, außer ihren »besonderen Begabungen« besaßen, um eine Arbeit zu leisten, die sichtlich allen Unzufriedenen Erleichterung schafft?

Meine Neugierde hat mich dazu gebracht, gewisse Spuren zu verfolgen, die mich weit in meine eigene Jugend zurückgeführt haben. Der geringe Vorteil, einer älteren Generation anzugehören, ist wohl, daß beflissene Eltern einen schon früh mit dem damals herrschenden Bildungskanon vertraut machen wollten, so daß außer Grimms Märchen auch die mythologischen Sagen der Griechen und die Heldensagenwelt des Mittelalters bald zu einem wichtigen Teil unseres Phantasiebestandes wurden. Aus diesen drei Gattungen (Mythos, Märchen, Heldensage) konnte man schon bald einfache Schlüsse ziehen:

Im Mythos gewannen die Autoritäten immer. Jedes unerlaubte Schielen in Richtung des Lustprinzips wurde sofort aufs strengste bestraft. Der jugendliche Leser ahnte, daß es mit diesen Göttern, die selber alles taten, was sie den Menschen verboten hatten, keinen Kompromiß gab. Ihre Racheaktionen machten zwar Angst, aber das einzige, was sie und ihre strengen Dichter nicht verbieten konnten, war die schauernde Sympathie mit den Bestraften. War das die heimliche Botschaft der Dichter?

Im Märchen hingegen gewannen immer die Kinder. Innere wie äußere Kämpfe endeten immer zugunsten der Schwachen, die dadurch stärker wurden, der anonyme Dichter hielt immer zu ihnen. Bruno Bettelheim, in seinem originellen Buch *Kinder brauchen Märchen (The Uses of Enchantment)* hat demonstriert, daß darin die entwicklungs- und ich-fördernde Mission des Märchens liegt.

In der Heldensage war der Ausgang ungewiß. Der Held konnte erhöht werden wie Parsifal, er konnte durch Verrat untergehen wie Siegfried oder geheimnisvoll verschwinden wie König Artus; wenn er siegte, jubelten wir mit ihm, denn sein Zauberschwert siegte ja für uns, aber selbst wenn er vernichtet und nicht gerettet wurde, konnte er unserer begeisterten Teilnahme sicher sein, denn er starb ja an unserer Stelle.

Die Symbolkraft, die diesen wunderbaren Geschichten innewohnt, ahnten wir damals nur dunkel. Heute kommt es mir vor, als wären ihre Erfinder beim Aufbau »neuer Wirklichkeiten« etwa wie Architekten vorgegangen, die erprobte Bauelemente in verschiedenen Kombinationen zur Errichtung immer neuer Strukturen verwandelten. Sowohl Vorgänge wie Gestalten konnten zu solchen sinngebenden Strukturen werden.

Ein ganz wichtiger Vorgang war Fressen und Gefressenwerden, das Setzen von Eßverboten und deren Übertretung. Kronos selbst, der Erzeuger der Götter, verschlang seine eigenen Kinder, die sich nur mit größter Mühe befreien konnten. Die Götter selbst waren ungeheuer gefräßig. Die armen Menschen konnten sie nur bei guter Laune erhalten, indem sie ihnen ständig die besten Stücke ihrer Herden brieten und den besten Wein dazuschütteten.

Die griechischen Mythen sind voll von Verstößen gegen solche Privilegien des oralen Sadismus und deren Ahndung. Der listige Prometheus wickelte die schlechteren Teile des Opferrindes in eine schöne Haut, offerierte sie den Göttern und behielt die besten Teile für sich. Eine exemplarische Strafe folgte. Die hungrigen Gefährten des Odysseus stahlen Rinder des Sonnengottes Helios, fraßen sie auf und ernteten dafür furchtbare Vernichtung. Die Liste, mit geschlachteten und verzehrten Söhnen, verschlungenen Jungfrauen usw. wäre beliebig fortzusetzen.

Ein weiterer Vorgang war das tiefe, forschende Eindringen in den Schoß der Erde, in gefährliche Höhlen, aus denen man nur unter großen Schwierigkeiten den Weg ins Freie findet. Oft ist dieses Eindringen mit einer Schatzsuche verbunden, wobei der Schatz fast immer von einer lebensgefährlichen männlichen Gestalt behütet wird, die es zu besiegen, zu töten oder unschädlich zu machen gilt. Die Tötung des Hüters und die Hebung des Schatzes verleiht unendliche Macht und unendliches Wissen und führt oft auch zur Vereinigung mit dem für unerreichbar gehaltenen Liebesobjekt. Der Weg ins Innere der Erde hat auch einen Beigeschmack von Tod; das Auftauchen deutet also auch auf Überwindung des Todes, Wiedergeburt und Auferstehung. (Bettelheim weist ja darauf hin, daß eine der beruhigenden Eigenschaften von Märchenhelden ihre Unsterblichkeit ist.) Die Vielfalt der Deutungsmöglichkeiten des Vorgangs übt einen unwiderstehlichen Reiz aus.

Ein dritter Vorgang ist die Ausübung von Wortmagie d. h. die Allmacht des Wortes. Das richtige Wort kann ja Zauberkräfte verleihen, Identitäten verändern, Gefahren herbeirufen oder bannen. (Selbst die Sphinx wird ja von Ödipus durch die Macht der Wörter besiegt.) Der größte Magier des Wortes bleibt aber der Dichter selber. Wie wir sehen werden, kann er durch das, was Freud seine »besonderen Begabungen« nennt, also durch seinen Stil, seinen Phantasien die von ihm gewünschte Bedeutung verleihen.

An Gestalten gibt es zunächst einmal unsere Helden selbst: Sie kommen sehr oft sozusagen aus dem Nichts, sind »sans famille«, vaterlos, mutterlos oder überhaupt Waisen, und müssen ihre Abenteuer allein bestehen. Die rührende Isolation dieser Helden oder Heldinnen regt natürlich zur Deutung an. Stehen sie für die Unsicherheit des Jugendlichen, der versucht, sich von Familie und Kindheit zu trennen? Ist der alleingelassene Held vielleicht das verlassene oder sich verlassen fühlende Kind, das sich selber Mut zuspricht? Oder stellt er das »Unbehauste« der adoleszenten Existenz dar, die den ödipalen Konflikt für halbwegs erledigt hält, aber noch keine neuen Bindungen gefunden hat und sich daher immer von einem Rückfall bedroht sieht? Auch hier liegt der Zauber solcher Gestalten in ihrer Vieldeutigkeit.

Daß dem einsamen Helden manchmal ein Bruder oder Freund beigegeben ist, hat Freud in einem Brief an C. G. Jung zu folgender Deutung veranlaßt: »Es fällt auf, daß die Bildung eines Paares, aus einem vornehmeren und gemeineren Teil bestehend, ... ein häufiges Motiv der Sagen und Literaturgeschichte ist. Der letzte große Ausläufer des auch mythischen Typus ist Don Quijote mit seinem Wanst (Pansa). Dies uralte Motiv dient also zur Darstellung des Verhältnisses eines Menschen zu seiner Libido.«

Was die auftretenden Phantasiewesen in Menschengestalt betrifft, so sind sie selten freundlich gesinnt. Weibliche Gestalten, ob Circe, Kalypso, Hexe oder Fee, werden vor allem durch ihre negativen Aspekte des Verschlingens, Festhaltens oder Irreleitens charakterisiert, und man entkommt ihnen schwer. Manchmal ist dem bösen weiblichen Aspekt eine rettende liebevolle Weiblichkeit beigegeben.

Männliche Gestalten, wenn auch überlebensgroß, mitleidlos, Vernichtung drohend, können trotzdem besiegt werden, und zwar durch Waffen und List, besonders in Sagen und Märchen. Der gütige weise Mann bildet manchmal ihr Komplement.

Schließlich gibt es alle Arten von Tiergestalten, groß und klein, hilfreich und bedrohlich, die, da sie ja meist sprechen können, für den Leser so etwas wie isolierte freundliche und gefährliche Anteile seiner eigenen Innenwelt oder Umgebung darstellen. Märchentiere werden außerdem besonders geliebt, wenn sie so klein sind wie die Kinder selbst, aber um so viel klüger, und in verzwickten Situationen Auswege kennen, von denen die Kinder noch nichts wissen. Das gleiche gilt, glaube ich, für manche Zwerge.

Damit hätten wir sozusagen ein kleines Inventar von Bauelementen, deren sich die großen anonymen Dichter-Baumeister bedient haben, um die Gefährlichkeit der Versöhnungsarbeit zwischen Lust- und Realitätsprinzip darzustellen. Vielleicht können wir den Beweis führen, daß die weit moderneren Dichter ähnlich verfahren sind. Das ließe dann den Schluß zu, daß die Konstrukteure der heute so beliebten fantasy-games und -stories ihre Produkte aus solchen Elementen wie mit einem Lego-Baukasten zusammenbasteln.

Mein erstes Buch, *Max und Moritz*, ist ein richtiges Kinderbuch, eine unglaublich grausame Phantasie über Fressen und Gefressenwerden, über Eßverbote und deren Übertretung, und ist so völlig dem Reich des Mythos zuzuordnen. Den bösen Buben Max und Moritz sollen in der Schule Tugend und Triebverzicht beigebracht werden. In sechs Streichen wehren sie sich erfolgreich dagegen, der siebte Streich endet für sie tödlich.

Die schlauen Knaben haben bald verstanden, daß die Erwachsenen auf alles, was sie ihnen verbieten, keineswegs selbst verzichten; sie betrachten es als ihr Privileg und praktizieren es uneingeschränkt. Dorthin zielt also der Angriff der beiden, und wird deshalb auch so schrecklich gerächt.

Unsere Helden stammen, dem alten Schema folgend, aus dem Nichts. Sie haben keine Geschichte, keine Familie, kein Milieu, wir kennen von ihnen nichts als ihre Freßlust und ihre aggressive Auflehnung gegen die Hüter der Ordnung. Sie treten als Paar auf, nur ist in ihnen noch keine Aufspaltung im Freudschen Sinn zu erkennen, eher eine Verdopplung des Libido-Anteils. Ihre beiden ersten Anschläge gelten der berühmten Witwe Bolte, einer gemütlichen Variante der gefährlich schillernden Frauengestalten, die die Helden gewöhnlich auf ihren Abenteuern treffen.

Die Witwe Bolte ist nur gefährlich, weil sie ebenfalls gefräßig und wollüstig ist und so den Haß der Nicht-Verzichter erregt. Sie herrscht über drei Hennen und einen Hahn, dessen nie versiegende polygame Triebwünsche Busch in einer treffenden Zeichnung andeutet. Ihre Produkte, Eier, Fleisch und weiche Federn, dienen der Witwe zur Freude des Gaumens und des Bettes. So lebt sie, wie Circe, in einem zufriedenen Gleichgewicht von Macht und Lust. Max und Moritz können dies nicht ertragen und ermorden die Hühner auf schreckliche Weise.

Die Alte gibt sich nicht so leicht geschlagen. Nach einem kurzen Moment der Trauer brät sie die Gemordeten, um sie zu verspeisen. Max und Moritz aber angeln die Braten aus dem Herd und fressen sie selber auf. Nun ist ihr mythischer Untergang besiegelt. Es ist, als hätten Menschen die der Göttin bestimmten Opfertiere verschlungen. Wie verwandt klingt der Witwe erschütternde Klage: »Meines Lebens schönster Traum, hängt an diesem Apfelbaum!« der Klage des Helios um seine Spezialrinder, die die Gefährten des Odysseus verspeist haben: »Vater Zeus, ... räche mich an den Gefährten des

Odysseus, welche mir übermütig die Rinder getötet, die Freude meiner Tage.«

Jetzt aber kommt es zum Kampf mit übermächtigen Männergestalten. Im vierten Streich wird der Lehrer Lämpl, der Verkünder aller einschränkenden Lehren, auf raffinierte Weise in die Luft gesprengt. Die Pfeife, mit der der Lehrer seiner eigenen Lust, der Nikotinsucht, frönt, wird ihm zum Verhängnis. Max und Moritz füllen sie mit Schießpulver. Beim Anzünden explodiert sie, und der Lehrer wird beinahe ins Jenseits befördert, als ein Opfer seiner eigenen Hemmungslosigkeit.

Im sechsten und siebten Streich manifestieren sich die Rachegelüste der Erwachsenen gegen die beiden kleinen Anarchisten in einer Orgie der Mordlust, bei der es wieder um Freßwünsche und Freßverbot, ja sogar um Fressen und Gefressenwerden geht.

Beide Episoden spielen zur Osterzeit, dem Fest der Tötung und der Auferstehung. Wieder werden leckere Eßwaren erzeugt, doch ihr Erzeuger, der Bäcker, versperrt sie, damit sie nicht gestohlen werden.

Max und Moritz schlängeln sich durch den Rauchfang, wollen die Brezeln stehlen und fallen in den Backteig. So werden sie, mit Kuchenteig überzogen, zu den Objekten ihrer eigenen Begierde. Der Bäcker, den Busch wie einen grausamen Henkersknecht zeichnet, schiebt sie in den heißen Backofen und bäckt sie braun; nicht unmöglich, daß er eigentlich ein Kinderfresser ist. Die beiden aber, ausgestattet mit einem Stück Unsterblichkeit, überleben das Martyrium im Feuerofen. »Jeder denkt, sie sind perdu, aber nein, noch leben sie!« Sie fressen tatsächlich das Gehäuse der sie umhüllenden Kuchenmasse und machen es uns leicht, an Wiedergeburt oder die Chrysalis von Insekten zu denken.

Das letzte, tödliche Abenteuer spielt wieder in einer Stätte der Nahrungsmittelerzeugung, in einer Mühle. Die beiden durchbrechen das Berührungsverbot für gewisse Lebensmittel, die prallen Getreidesäcke werden aufgeschnitten, der Inhalt verstreut, beschmutzt, entwürdigt. Nun werden, in einer noch grausameren Szene, die beiden Entweiher zum Ersatz für das Objekt, das sie entweiht haben. Sie werden vom Müller, dem zweiten Kindsmörder, in den Mahltrichter gepreßt und zu Schrot gemahlen. Das erzeugte

Schrot behält geheimnisvollerweise die Form der beiden Knaben bei. Nun kommt des Müllers Federvieh und frißt die Verwandelten, sozusagen Geläuterten, auf. Damit schließt sich der Kreis der mythischen Kriminalgeschichte, die ja, vergessen wir es nicht, mit einem Mord an Witwe Boltes Federvieh begann. Federvieh aber legt Eier. Das Ei, besonders im österlichen Kontext, bleibt ja das Ursymbol von Auferstehung und Ewigkeit, so daß wir Max und Moritz Unsterblichkeit voraussagen können.

Trotz dem von uns phantasierten Happy-End bleibt aber *Max und Moritz* allem Anschein nach doch eine »cautionary tale«, eine warnende Geschichte, die den Triebtätern Vernichtung prophezeit.

Wo aber bleibt die von uns im Titel versprochene Rettung? Zu welcher Seite hält eigentlich der Dichter? Ich möchte ihm unterstellen, daß er sich, trotz aller scheinbaren Warnung, eines Tricks bedient, des Privilegs der Dichter, der Wortmagie, die ja auch Identität verändern kann. *Max und Moritz* ist ja, in seiner absurden, pseudoheroischen Verstechnik und seinen aggressiv grotesken Zeichnungen ein *Werk der Ironie*. Nun finden wir folgende Charakterisierung der Ironie in Freuds *Der Witz und seine Beziehung zum Bewußten*, einer Schrift, in der er die Verwandtschaft der Witztechnik mit den Vorgängen der Traumarbeit vergleicht: »Der Ironie ist gar keine andere Technik als die der Darstellung durchs Gegenteil eigentümlich.« Demzufolge können uns die Hüter der Moral als ihr Gegenteil erscheinen, als gefräßige, heuchlerische sadistische Minimonster, Max und Moritz aber als aggressive Vertreter der Kinderwelt, die nur einen Teil der Lust wollen, die sich die Erwachsenen gestatten. Sie werden also nicht nur durch ihren eigentümlichen Tod unsterblich, sondern auch durch die heimlichen Identifizierungsmöglichkeiten mit den unbesiegbaren oralen Wünschen, die der Dichter seinen kleinen Lesern ermöglicht.

Tom Sawyers Abenteuer von Mark Twain ist das zweite Buch, mit dem ich mich befassen möchte; es ist kein Buch über Kindheit, sondern eine Studie über frühe Pubertät. Durch den warmherzigen Humor des Autors werden die oft tragischen Spannungen dieser

Übergangszeit nicht übertüncht, sondern eher akzentuiert. Der Inhalt, falls Sie ihn nicht erinnern, ist rasch erzählt und zeigt wohl, worin der unvergängliche Erfolg des Buches liegt: Die genaue, aus eigener Erfahrung gewonnene realistische Milieu- und Seelenmalerei ist verquickt mit einer Handlung, die ganz eindeutig in die Gattung der Heldensage weist.

Wir befinden uns in einem der amerikanischen Südstaaten vor dem großen Bürgerkrieg, in einer Kleinstadt, deren idyllische Fassade die nahenden sozialen und Rassenkonflikte kaum verbirgt. Tom, ein etwa 12–13jähriger Waisenknabe, wird von seiner alten Tante aufgezogen. Sie versucht, ihm den strengen Sittenkodex ihrer kleinbürgerlichen Welt beizubringen, was ihr nur halb gelingt, da sie allzuviel Verständnis für seine Proteste und Grenzüberschreitungen hat. Sein bester Freund und Bundesgenosse, Huckleberry Finn, ist ein Halbwaise, sein Vater ist ein ständig alkoholisierter Vagant, dessen sporadisches Erscheinen er fürchtet. Der Bub hat keinen festen Wohnsitz, übernachtet im Freien oder in Scheunen, lebt von gestohlener oder erbettelter Nahrung und besucht *keine* Schule. Er wird aber keineswegs ausgegrenzt und als Sozialfall in ein Heim gesteckt, sondern gehört durchaus zu seiner kleinen Welt, die ihn nicht verstößt, sondern anerkennt als einen, der eben nicht dazugehört.

Gemeinsam bestehen die beiden Jungen die unglaublichsten Abenteuer, die als Auswüchse ihrer Phantasie beginnen und plötzlich in tödlichen Ernst umschlagen. Bei einem Versuch, durch ein mitternächtliches Ritual auf dem Friedhof Warzen zu kurieren, werden sie entsetzte Zeugen eines Mordes. Der Mörder ist ein indianisches Halbblut und wird zur Verkörperung aller bösen, destruktiven Tendenzen innerhalb der kleinen Gemeinde. (Die ständige Mißachtung und Mißhandlung durch die Weißen haben seine Mordlust entfesselt.) Für die beiden Knaben wird er zu einer Quelle der ständigen Todesangst. Bei der folgenden Gerichtsverhandlung sagt Tom mutig gegen ihn aus, der Mörder entflieht während der Verhandlung, und Tom fürchtet mit Recht seine Rache.

Bei der zweiten wichtigen Episode, der Schatzsuche, spielt der Mörder, Injun Joe, wieder eine entscheidende Rolle. Was als eine typische Pubertätsphantasie begann, das imaginäre Graben nach einem Schatz, endet damit, daß die beiden tatsächlich Zeugen davon werden, wie Injun Joe und sein Kumpan einen Goldschatz in einem verfallenen Haus entdecken. Die beiden Verbrecher schleppen den Schatz fort, aber Tom und sein Freund folgen ihnen und geben, trotz aller Todesangst, die Suche nach dem Versteck des Schatzes nicht auf.

Auch die dritte Episode, eine Liebesgeschichte, ist von der Gegenwart des Mörders überschattet. Tom verliebt sich in Becky, ein Mädchen der besten Kreise, die seine Liebe erwidert. Ein Picknick für die ganze Jugend des Ortes wird von einer Wanderung in eine nahegelegene Höhle gekrönt. Alle kehren zurück, nur Tom und Becky verlieren sich in den Gängen der Unterwelt. Nach vergeblichem Suchen nach einer Öffnung verbringen sie eng umschlungen, aber keusch zwei Nächte miteinander, den Tod erwartend. Ein letzter Versuch Toms bringt Rettung. Er findet den Weg ans Tageslicht und erlöst sich und seine Liebste. Die Höhle der Liebesverwirrung ist aber auch die Höhle des Schatzes. Auf seinem Irren durch die Gänge hat Tom plötzlich Injun Joe gesehen, der ihn aber nicht bemerkt hat. Er weiß also, daß der Schatz in der Höhle verborgen ist.

Nach der Rettung der Liebenden wagt sich Tom mit seinem alter ego Huckleberry noch einmal in die Höhle, und die beiden heben den Schatz. Mit der Schatzkiste in den Händen werden die beiden Jungen nun zu den reichsten »Männern« der Stadt, Beckys Vater wird der Wahl seiner Tochter einmal zustimmen.

Die Höhle wird zugenagelt, damit sich niemand mehr in ihr verirrt. Entsetzt erinnert sich Tom, daß sein Todfeind noch in der Höhle ist. Zu spät! Bei einer neuerlichen Öffnung findet man Injun Joe nur mehr als Leiche.

Alle Elemente der Heldensage, die ich am Beginn zu sammeln versuchte, werden hier deutlich:

Die Einsamkeit des elternlosen Helden ist auf beide Gestalten ausgedehnt, die hier wirklich ganz im Freudschen Sinn, zwei unzertrennliche Strebungen verkörpern. Eigentlich stellt der Dichter hier seinen jugendlichen (nicht kindlichen) Lesern in Aussicht, daß eine brüderliche Befreundung mit der eigenen Libido und den eigenen

Verwahrlosungstendenzen (um den praktischen alten Aichhornschen Terminus zu verwenden) eine erträgliche Form des Erwachsenseins ermöglichen wird.

Die Frauengestalt, die alte Tante, verkörpert in rührender Weise die einschränkende *und* die liebevolle Mutter, wobei der liebende Anteil überwiegt.

Der Kampf mit den gefährlichen Männergestalten ist bis zur letzten tödlichen Konsequenz durchgeführt. Das Eindringen in die Höhle wird mit dem Auffinden und Entreißen des Schatzes, der Erringung des Liebesobjektes und der Tötung des übermächtigen Feindes auf raffinierte Weise kombiniert, so daß sich die Symbolik von aggressivem Eindringen, Entdecken und Aufdecken, von gefahrvollem Erringen männlicher Machtfülle und von der Verwirrung und Verirrung durch den ersten Ansturm genitaler Sexualität aufregend vermischt und überlagert.

Trotz seines klugen Humors ist aber *Tom Sawyer* eigentlich ein ernstes Buch, da selbst seine heitersten Teile im Schatten des Todes als einer Realität stehen, einer Realität, die selbst groteske Ironie nicht mehr bewältigen kann wie in *Max und Moritz*.

Beide Jungen werden Zeugen eines Mordes und haben das wahrhaftig Böse, die mörderische menschliche Destruktivität erlebt. In einer kühnen Eingebung läßt der Dichter Tom diese Todeserfahrung und -angst exorzieren, indem er seinen eigenen Tod und seine eigene Auferstehung inszeniert. Beide Burschen und ein dritter Freund flüchten heimlich auf eine Insel und spielen dort tagelang Piraten, was ungeheuer humorvoll beschrieben wird. Die Wende tritt aber bald ein: Sie werden vermißt, ihr Tod befürchtet. Sie werden Zeugen davon, daß Boote den Fluß nach ihren Leichen absuchen, bleiben aber ungerührt. Tom schleicht sogar nach Hause, wo alle Verwandten eine Trauersitzung abhalten; er erfüllt sich also den Wunsch jedes deprimierten Kindes und lauscht entzückt den lobenden Worten, die ihm als Toten nachgesandt werden. Alle drei Jungen warten mit Entzücken den Trauergottesdienst ab, um mitten in der Predigt zu erscheinen und zu verkünden: Wir leben!

An mehreren Stellen gehen so Heiterkeit und Todesangst Hand in Hand, oder die eine Stimmung schlägt plötzlich in die andere über. Daß der Tod ein Teil der Wirklichkeit ist, dem auch nicht durch Humor beizukommen ist, ist also eine Botschaft, die Heranwachsende bereits aufnehmen sollen. Das Buch ist aber auch ernst, weil es von Liebe handelt. Man könnte die alles verzeihende liebevolle Güte der Tante und die alle Gefahren überstehende Leidenschaft der beiden halben Kinder auch kitschig nennen. Das stört uns wenig, denn dem Kitsch kommt ja eine wichtige Rolle in der Literatur zu: Wer von uns ist nicht heimlich davon überzeugt, daß die Liebe den Tod besiegt?

Das ungewöhnlichste der drei Bücher ist aber Lewis Carrols *Alice in Wonderland,* ebenso ungewöhnlich wie sein Autor. Unter den vielen exzentrischen Figuren der viktorianischen Kulturszene war er eine der exzentrischsten, ein hochgeschätztes literarisches Original und mittelmäßiger Mathematikdozent in der Universitätsstadt Oxford. Er heiratete nie, und seine Beziehung zum weiblichen Geschlecht erschöpfte sich angeblich in einer Verehrung und Bewunderung für kleine Mädchen. Eine von ihnen, die etwa 8jährige Alice Lidell, ist in die Weltliteratur eingegangen, denn Carroll schrieb für sie und ihre beiden Schwestern die Märchenerzählung, die 1864 veröffentlicht wurde. Das heute über 100 Jahre alte Kinderbuch wird sozusagen von Jahr zu Jahr moderner, und zwar erstaunlicherweise als Erwachsenenlektüre. Heute dient es immer weniger seinem eigentlichen Zweck, sondern ist immer mehr und mehr zu einer unerschöpflichen Quelle für psychologische und linguistische Interpretationen geworden, aber auch für Film- und Bühnenbearbeitungen.

Die große Psychoanalytikerin Phyllis Greenacre hat in ihrer Studie *Lewis Carroll* in glänzender Weise die Entstehung von Carrolls Werken aus seiner Familiengeschichte und infantiler Charakterstruktur abgeleitet. Ich möchte mir erlauben, mich teilweise darauf zu stützen, ohne die biographische Thematik zu wiederholen. Mein Anliegen wäre eher zu verstehen, auf welche Weise dem Autor eine solche langanhaltende und breite Wirkung gelungen ist.

Der Inhalt des Märchens ist eigentlich ein Kaum-Inhalt. Alice schläft an einem heißen Sommernachmittag am schattigen Ufer eines Flüßchens ein, den Kopf im Schoß ihrer Schwester, und beginnt zu träumen. Die Geschichte ist also ein Traum und mit allem Raffinement der Traumarbeit ausgestattet. Eines sei vorweggenommen: Der Traum ist eigentlich ein Alptraum. Alice kriecht einem Kaninchen in seine Höhle nach und gerät in eine unterirdische Welt, voll von geschlossenen Räumen, versperrten Türen, verwinkelten Korridoren, aber auch mit der Aussicht auf einen blühenden Garten. Alice hat natürlich den Wunsch, aus der dunklen Unterwelt in den Garten zu gelangen. Auf dem Irrweg dorthin trifft sie eine Reihe von unheimlichen, bedrohlichen Gestalten, zum großen Teil Tiere, aber auch bösartige, feindselige Frauen und weibische, boshafte, närrische Männer. Sie entgeht ihnen allen durch eine Mischung aus Altklugheit und Aggressivität.

Als sie aber in den Garten gelangt, bringt auch der keine Befreiung. Er ist der Zaubergarten eines weiblichen Klingsor, das Reich der bösesten aller Frauen, der roten Königin, die ihre ganze Umgebung wegen der geringsten Verstöße zum Tod durch Kopfabschlagen verurteilt (die Urteile werden nie vollstreckt) und gerade eine große Gerichtsverhandlung inszeniert, um einen jungen Mann köpfen zu lassen, der angeblich Kuchen gestohlen hat. Als die Königin auch ihr Leben bedroht, erkennt Alice im Traum, daß die rote Königin ihr nichts tun kann, da sie nur ein Geschöpf ihrer eigenen Traumphantasie ist, und darf zur Belohnung für die Leistung, den Traum im Traum zu erkennen, aufwachen.

Auf ihrer Wanderung ist Alice immerfort mit ihrer Körpergröße befaßt. Sie verändert sich ständig durch den Genuß von Zaubertränken und Speisen, damit sie die verschiedenen Tore durchschreiten kann. Mal hat sie Angst, zu groß, mal Angst, zu klein zu sein und ganz zu verschwinden. Im Garten gewinnt sie endlich die richtige Mädchengröße.

Die Tiere und anderen negativen Gestalten vermitteln einem wirklich den Eindruck, als hätte Alices Traumarbeit sie aus Schulbüchern, Liederbüchern, Kinderbüchern, plastischen englischen Redewendungen und natürlich aus als böse erlebten Erziehungspersonen geschaffen, um ihre eigene Angst und Wut darzustellen.

Jedenfalls ist das Buch bewundernswürdig in seiner Wiedergabe einer Traumatmosphäre, die von ungeheurer Aggression erfüllt ist. Fressen und Gefressenwerden, Eßverbot und Übertretung spielen wieder eine ganz wichtige Rolle. Alice wird im Grunde genau so aggressiv wie die sie bedrohenden Gestalten: Wenn sie ein verlogen moralisches Kinderlied über eine fleißige Biene singen will, wird aus der Biene unversehens ein Krokodil, das seinen Rachen öffnet, um alle zu verschlingen. Wenn sie Mäuse oder Vögel trifft, erzählt sie ihnen ganz unschuldig, daß sie eine reizende Katze besitzt, die so geschickt im Mäusefangen und Vogelverspeisen sei.

Eine der vielen möglichen Deutungen dieses Traumbuches wäre also, daß sich hier das Kind – nach Greenacre sogar »the little girl« – im Autor nicht nur gegen innere Ängste, sondern auch gegen die als bedrohend und vernichtend empfundenen Maßnahmen einer allzu moralischen Erziehung wehrt und sich schließlich rettet, indem es seine eigene Kinderschreckhaftigkeit für bereits unsinnig erklärt. Dazu würde auch die ständige Beschäftigung mit ihrer Körpergröße passen. »Bin ich schon groß genug, um ...«, »bin ich noch zu klein, um ...« ist ja tatsächlich ein ständiges Kinderthema. (Greenacre deutet hier tiefer, weist auf den phallischen Bereich und die ständigen Schwangerschaften von Carrolls Mutter hin.)

Von unseren erwähnten Elementen haben wir tatsächlich die Heldin als neugierig-mutige Einzelgängerin, das Eindringen in die Umwelt, das Zusammentreffen mit Tieren, bösen Frauen und bedrohlichen männlichen Wesen sowie die orale Freßaggression getroffen. Die wahre Leistung des Dichters liegt aber in der vielbewunderten Schein-Unsinnigkeit seines Stils, die ihn als großen Meister der Wortmagie ausweist.

Greenacre weist immer wieder auf die frühen aggressiven Impulse hin, die in dieser Geschichte und ihrer Fortsetzung *Alice through the looking-glass* bearbeitet werden; sie nennt das Buch sogar eine »hitlerische Phantasie, die im Humor sozusagen unschädlich gemacht wird«.

Worin besteht nun Carrolls Humor, der weitab von Buschs Stilmittel der Ironie liegt?

Er wird im Englischen gerne als »nonsense-humour« bezeichnet, und ich denke, daß uns Freud eben in der erwähnten »Witz«-Schrift tiefes Verständnis für solche Produkte verschafft hat. Der wichtigste Teil der Traumarbeit und also auch der Witzarbeit bestehe ja in Verdichtungen, zu denen Denkfehler, Verschiebungen, der Widersinn, die Darstellung durch das Gegenteil und das Wortspiel gehören. Alle diese Charakteristika finden sich in Carrolls Stil, und trotzdem macht er nie einen richtigen Witz. Die Betonung muß also auf dem Wort »nonsense« liegen. Freud sagt zu der »Lust am Unsinn«:

»In der Zeit, da das Kind den Wortschatz seiner Muttersprache handhaben lernt, bereitet es ihm ein offenbares Vergnügen, mit diesem Material spielend umzugehen, und es fügt die Worte, ohne sich an die Sinnbedingungen zu binden, zusammen, um den Lusteffekt des Rhythmus oder des Reimes bei ihnen zu erzielen ... Das Kind gibt sich auch später solchen Spielen hin, mit dem Bewußtsein, daß sie unsinnig sind, und findet Vergnügen an diesem Reiz des von der Vernunft Verbotenen. Die Erziehung zum richtigen Denken erzeugt eine tiefe und anhaltende Auflehnung gegen den Denk- und Realitätszwang.«

Zwei Textbruchstücke mögen hier als Illustration dienen; zunächst die berühmte Szene, die Carroll »a mad tea-party«, »eine verrückte Teegesellschaft«, genannt hat. Wenn wir bedenken, daß eine »tea-party« im viktorianischen England ein heiliges nachmittägliches Zeremoniell des Mittelstandes war, von strikten Regeln des Wohlverhaltens gelenkt, so zeigt uns schon das Wort »verrückt« im Titel an, daß es hier gegenteilig zugehen wird.

Tatsächlich gelangt Alice, gewiesen von der grinsenden Cheshire-Katze, die sich selber verschwinden lassen kann (derart, daß nur ihr Grinsen übrigbleibt), in das Haus des Märzhasen. Im Vorgarten sitzen an einem langen Tisch, aber ganz in eine Ecke gedrängt, der Märzhase, ein schlafender Siebenschläfer und ein Hutmacher. Die beiden wachen Gestalten, die den armen Siebenschläfer mit ihren Ellbogen bedrängen, als wäre er ein Polster, lassen durch die Assoziation zu ihren Namen nur ein Thema anklingen, das der Verrücktheit, denn die Redewendungen »verrückt wie ein Märzhase« und »verrückt wie ein Hutmacher« sind in der englischen Umgangssprache sehr geläufig. Verrücktheit bedeutet hier wohl soviel wie ein Anderssein, ein Durchbrechen von Regeln, denn auf Alices Frage, ob sie Platz nehmen könne, rufen die beiden statt einer höflichen Einladung sofort: »Hier ist kein Platz.«

Alice setzt sich trotzdem, und der Märzhase bietet ihr, ganz gegen jede Regel, am Nachmittag Wein an, obwohl auf dem Tisch nichts als Teegeschirr steht. Auf Alices Bemerkung, sie sähe nur Tee, antwortet der Hase schnippisch: »Es gibt auch keinen Wein.«

Dieser Anfang zeigt dem Leser also den Beginn eines Wortduells an, eines Kampfes zwischen aggressiven Tendenzen und »guten Manieren«, der nun gleich in eine ernste Phase tritt, indem der Hutmacher Alice betrachtet und feststellt: »Du solltest dir die Haare schneiden lassen!« Er durchbricht damit eine der heiligsten Regeln viktorianischen Anstands, nämlich die, daß es äußerst ungezogen ist, »persönliche Bemerkungen« über Aussehen, Kleidung etc. jemandem ins Gesicht zu machen. Alice weist ihn deswegen auch sehr verärgert zurecht und nennt ihn »äußerst unhöflich«.

Als nächstes beginnt der Hutmacher zu Alices Freude ein bei allen Kindergesellschaften sehr beliebtes Spiel, nämlich Rätselraten nach dem Muster: »Was haben X und Y gemeinsam?« oder »Was ist der Unterschied zwischen X und Y?«, wobei die Antwort immer eine Unsinnsantwort ist, die nur durch den Gleichklang von Wörtern einen Scheinsinn erhält. (Ein Beispiel wäre: »Was ist der Unterschied zwischen den Schweden und den Dänen? Die Schweden können sich dehnen, aber die Dänen können sich nicht schweden.«) Der Reiz eines solchen Spiels liegt dann, wie Freud ausgeführt hat, in dem von der Vernunft Verbotenen.

Der Hutmacher fragt also: »Was ist der Unterschied zwischen einem Raben und einem Schreibtisch?« Alice freut sich auf die Antwort, die beiden Männchen durchbrechen aber die lustverheißende Lösungsregel, indem sie behaupten, sie hätten keine Ahnung von der Antwort.

Der Hase und der Hutmacher verwickeln Alice dann in äußerst komplizierte Gespräche, in denen sie Sprachspiele mit dem Doppelsinn von Wörtern und der Fragwürdigkeit logischer Aussagen treiben, so als wollten sie ausprobieren, wann Alices auf Tatsachenlogik gegründete Schulmädchenvernunft zusammenbricht. Ein Gesprächsbruchstück kann hier als Beispiel dienen:

So fragt z. B. der Märzhase Alice hinterlistig, ob *sie* etwa die Antwort auf die Rätselfrage wisse. Die kluge Alice, an andere Kinderjausen denkend, bei denen sie brilliert hat, antwortet keck: »Ich glaube, ich kann sie erraten.« Darauf folgt eine Salve aggressiver Verwirrungstaktik:
M.: »Meinst du, daß du denkst, du kannst die Antwort finden?«
Alice: »Genau.«
M.: »Dann solltest du sagen, was du meinst.«
Alice: »Das tu' ich ... das heißt, ich meine, was ich sage ... das ist dasselbe, nicht wahr?« (Die Antwort deutet wohl auf die Wahrheitsliebe hin, zu der jedes »gute Kind« angehalten wird.)
H.: »Nicht im mindesten. Da könntest du ja auch sagen: ›Ich sehe, was ich esse‹ ist dasselbe wie ›ich esse, was ich sehe‹.«
M.: »Oder ›ich mag, was ich bekomme‹, ist dasselbe wie ›ich bekomme, was ich mag‹.«
Auch der Siebenschläfer, der sogar im Schlaf boshaft sein kann, fügt hinzu: »Oder ›ich atme, wenn ich schlafe‹ ist dasselbe wie ›ich schlafe, wenn ich atme‹.« Er wird aber sogleich zurechtgewiesen, denn der Hutmacher sagt sofort: »Bei *dir* stimmt es aber wieder.«

Es folgt ein Frage- und Antwortspiel über Zeit, Uhren und Uhrzeit, das in seiner Technik hemmungsloser Assoziation die Grenzen der »Normalität« weit überschreitet, so daß Alice schließlich zugeben muß, daß sie kein Wort von alledem verstehe, obwohl es zweifellos Englisch, also ihre Muttersprache, sei. Sie beschreibt damit ein Gefühl des gleichzeitigen Verstehens und Nichtverstehens, das auch manchen Träumenden beschleicht in Szenen, wo im Traum gesprochen wird. Schließlich soll sie sogar durch eine pseudophilosophische Argumentation besiegt werden:

»›Nimm dir mehr Tee‹, sagte der Märzhase sehr ernst zu Alice. ›Ich hab ja noch keinen gehabt‹, antwortete Alice beleidigt, ›da kann ich mir doch nicht mehr nehmen.‹ ›Du meinst, du kannst dir nicht weniger nehmen, es ist sehr leicht, mehr als nichts zu nehmen.‹«
Alice ist durch alle diese Manöver so verärgert, daß sie »in größtem Abscheu aufstand und wegging. Der Siebenschläfer schlief sofort ein und keiner der beiden anderen nahm die geringste Notiz von ihrem Weggehen, obwohl sie ein- oder zweimal zurückschaute, in der halben Hoffnung, sie würden sie zurückrufen: Das letzte Mal, da sie sie sah, versuchten sie gerade, den Siebenschläfer in den Teetopf zu stecken.«
»›Dorthin gehe ich sicher nicht mehr‹, sagte Alice, als sie sich durch den Wald tastete. ›Das war die dümmste Teegesellschaft, bei der ich je war.‹«

Man spürt wohl die Erleichterung, den Verstand und die »guten Manieren« bewahrt zu haben angesichts so starker Bedrohungen, aber man spürt auch das Bedauern, daß einen keiner mehr zurückruft in die Welt des verrückten Verhaltens, des »von der Vernunft Verbotenen«, in der alles erlaubt ist, auch ein erstaunliches Maß an Aggression. Mit Stolz, aber auch ein wenig Bedauern muß Alice also feststellen, daß der »Denk- und Realitätszwang« bei dieser Auseinandersetzung gesiegt hat.

Da jedes echte Kunstwerk seine tiefe Bedeutung dadurch erhält, daß es dem Leser so viele verschiedene Erlebnis- und Deutungsmöglichkeiten erlaubt, so verführt uns manches an diesem Marchenbuch dazu, es nicht nur als ein in die schillernden Farben des »nonsense«-Humors getauchtes Panorama der kindlichen Innenwelt zu betrachten, sondern auch als eine metaphorische Darstellung der Beziehungen des Kindes zu seiner Außenwelt.

Alices mehrfache Bemerkung beim Treiben der »Verrückten«: »Ich verstehe euch nicht«, und ihr Gefühl, hier werde wohl ihre Muttersprache gesprochen, sie könne den Worten aber nicht folgen, wären doch auch charakteristisch für das Gefühl, das Kinder beschleicht, wenn sie den Gesprächen der Erwachsenen zuhören. Hier geht es doch oft um Dinge, die man nur halb erahnt, deren Gefährlichkeit man erspürt und doch nicht deuten kann. Wenn man sich dann von der erwachsenen Konversation trennen will oder muß, tut man es mit einem Gefühl der Erleichterung, aber auch des Bedauerns, weil das halb Verstandene so äußerst verlockend war.

Zweites Textbeispiel ist die Schlußszene des Buches, in der es zu einer wirklichen Todesdrohung kommt. Hier wird Alice, die in das Reich der bedrohlichen roten Königin geraten ist, wie schon erwähnt, Zeugin einer großen Gerichtsverhandlung. Die rote Königin dringt auf ein Todesurteil gegen einen Jüngling, der unerlaubterweise Kuchen gegessen hat:

»›Die Geschworenen sollen ihr Urteil fällen‹, rief Alice.

›Nein‹, sagte die Königin, ›erst die Vollstreckung, dann das Urteil.‹

›So ein Unsinn‹, sagte Alice laut. ›Was soll denn das heißen, Vollstreckung zuerst ...‹

›Halt den Mund‹, sagte die Königin und wurde purpurrot.
›Das tu' ich sicher nicht!‹ sagte Alice.
›Runter mit ihrem Kopf‹, brüllte die Königin, so laut sie konnte. Niemand rührte sich. ›Wer kümmert sich schon um euch?‹, sagte Alice. Sie war zu ihrer ganzen Größe gewachsen. ›Ihr seid ja nichts als ein Pack Spielkarten.‹ Der ganze Packen erhob sich in die Luft und stürzte auf sie nieder; sie stieß einen leisen Schrei aus, halb aus Angst und halb aus Ärger, versuchte sie abzuwehren und fand sich ausgestreckt am Ufer, den Kopf im Schoß ihrer Schwester, die sanft einige dürre Blätter wegwischte, die vom Baum auf ihr Gesicht geflattert waren ...
›Ach, ich hatte einen seltsamen Traum‹, sagte Alice.«

Sicherlich könnte man einwenden, die letzten paar Zeilen, in denen Alice im schützenden Schoß der Schwester erwacht, seien sozusagen »aufgepickt«, um den sadistischen, nur durch »nonsense«-Humor gemilderten Horror einer imaginären Welt, in der ein Zweifrontenkrieg gegen innere und äußere Aggression geführt wird, erträglich zu machen. Immerhin erlaubt Carroll seiner Heldin aber, ihre eigenen Ängste und Bedrohungen zusammenzufallen zu sehen wie ein Kartenhaus und gerettet zu erwachen.

Ist ein Buch, in dem das Es mit dem Ich und dem Über-Ich auf so bedrohliche Weise in Kontakt kommt, wirklich ein Buch für Kinder? Greenacre meint dazu: »Es gibt viele Kinder, die vor dieser Geschichte zurückschrecken oder sich vor ihr fürchten, wahrscheinlich, weil sie sich auf einer Entwicklungsstufe befinden, wo solche primitive Instinkte gerade erst mit Mühe bewältigt wurden ... Im allgemeinen ist aber der Sadismus der Alice-Geschichten so offen ausgesprochen und so grotesk karikiert, daß er eher *schützt* als aufreizt.«

Hier wird also Rettung durch Wort-Magie versprochen auf dem Umweg des grotesken Unsinn-Humors, ähnlich wie in *Max und Moritz* mit Hilfe der Ironie. In *Tom Sawyer* dagegen liegt die Rettung in einer versöhnlichen Form des Erwachsenwerdens.

Trotzdem spüre ich selber, daß diese einfachen Formeln die drei Bücher nicht auf einen gemeinsamen Nenner bringen. Eigentlich bedrücken gerade die für Kinder bestimmten Bücher durch eine vollkommene Abwesenheit jedes positiven Gefühls. Die Symbolzeichensprache, die wir versucht haben zu verstehen, vermittelt nichts als grausame orale Aggression, kastrative Drohung und ebenso grausame Gegenwehr, ein sich steigerndes Wechselspiel, das schließlich in Vernichtung enden kann, mit der Wortallmacht des Dichters als einzige prekäre Rettung.

Dem erwachsenen Leser kommt es wirklich vor, als spielten diese phantastischen Kindergeschichten im Reiche der Zerstörung und des Todes, also im Reich des Thanatos. Erst in *Tom Sawyer*, einem Buch der Pubertät, betreten wir zum ersten Mal das Reich des Eros, der Liebe in verschiedener Gestalt, die sich auf einen Kampf mit Tod und Vernichtung einläßt.

Greenacre hat die besorgte Frage gestellt, die sich auch auf *Max und Moritz* ausdehnen ließe, nämlich ob *Alice* eigentlich für Kinder geeignet sei. Man zögert mit der Antwort, was für Kinder paßt, wenn man bedenkt, wie viele Kinder heute in einem thanatäischen Reich vegetieren und sterben müssen, in dem die Realität die sadistischsten Phantasien der Dichter bei weitem übertrifft. Selbst ein akademischer Rückzug auf das Gebiet der Rezeptionsästhetik gestattet immerhin den Gedanken, daß man solche Bücher heute anders lesen könnte als zu der Zeit, da sie geschrieben wurden. Vielleicht ist das Auftreten so vieler Symbole der Vernichtung der Grund, warum das Wiederlesen solcher Kinderklassiker für den Erwachsenen heute gar nicht mehr so gefahrlos erscheint. Ob das für Kinder auch gilt, könnte der Gegenstand längerer Überlegungen sein.

Literatur

BETTELHEIM, B. (1979): *The Uses of Enchantment.* Peregrin Books, London
– (1985): *Kinder brauchen Märchen.* dtv, München
BUSCH, W. (1971): *Max und Moritz.* In: Busch-Album. Franken-Verlag, Frankfurt/M.
CARROLL, L. (1955): *Alice's Adventures in Wonderland.* Random House, New York
FREUD, S. (1911): *Formulierungen über zwei Arten psychischen Geschehens.* In: Gesammelte Werke. Band VIII. 229–238. Fischer, Frankfurt/M. 1970
– (1970): *Der Witz und seine Beziehung zum Unbewußten.* In: Studienausgabe. Band III. Fischer, Frankfurt/M.
– (1990): *Die Traumdeutung.* Verlag Volk und Welt, Berlin
–, JUNG, C. G. (1974): *Briefwechsel.* Fischer, Frankfurt/M.
GREENACRE, PH. (1955): *Lewis Carroll in Swift and Carroll.* A Psychoanalytical Study of Two Lives. International Universities Press, New York
TWAIN, M. (1985): *The Adventures of Tom Sawyer.* Penguin Books, London

Lotta zieht um

Kindliche Konflikte in den Geschichten Astrid Lindgrens

Von HELMUTH FIGDOR

Märchen und Geschichten

»Sei ganz leise«, sagte Jiri. Ganz still saßen wir da und warteten. Es wurde noch etwas dunkler zwischen den alten Bäumen, und Jiris Haus sah noch mehr nach einem Haus aus einem Märchen aus. Dort stand es in einem grauen, wunderlichen Dunkel, keinem ganz schwarzen Dunkel, denn es war noch immer die Dämmerstunde. Etwas Graues, Wunderliches und Altes lag über dem Haus und über den Bäumen, aber vor allem lag es über dem Brunnen, auf dessen Rand wir erwartungsvoll im Kreise saßen.
»Seid ganz leise«, flüsterte Jiri, obwohl wir schon eine Weile überhaupt nichts gesagt hatten. Und weiter saßen wir still, und es wurde noch etwas dunkler und grauer zwischen den Bäumen, und ich vernahm keinen Laut mehr in diesem völligen Schweigen. Aber dann, dann hörte ich etwas. Ja, ich hörte, wie es unten im Brunnen zu raunen begann. Tief, tief dort unten begann es zu flüstern und zu murmeln. Es war eine wundersame Stimme, und sie glich keiner anderen Stimme.
Und die Stimme raunte Märchen, Märchen, die keinem anderen Märchen glichen und die noch schöner waren als alle Märchen, die ich kannte.
Es gibt fast nichts, was ich mehr liebe als Märchen, und ich beugte mich weit über den Brunnenrand, um mehr und mehr von dem zu hören, was die Stimme raunte. Manchmal sang die Stimme, und es war ein seltsamer und schöner Gesang, der aus dem Brunnen emporstieg.
»Was ist das nur für ein wunderlicher Brunnen?« fragte ich Jiri leise.
»Ein Brunnen, voll von Märchen und Liedern. Das ist alles, was ich weiß«, sagte Jiri. »Ein Brunnen, voll von Märchen und Liedern, die vor langer Zeit einmal in der Welt waren und die längst vergessen sind. Und nur dieser Brunnen, der am Abend raunt, er kennt sie noch alle.«

»Ein Brunnen, voll von Märchen und Liedern, die vor langer Zeit einmal in der Welt waren und die längst vergessen sind ...« Vergessen, wie die Träume, Sehnsüchte und Gefühle der Kinder, die wir selbst einmal waren, vor langer Zeit. Können wir uns denn wirklich jener ersten Zeit unseres Lebens entsinnen? Vielleicht reicht die Erinne-

rung noch einigermaßen bis etwa ins siebente Lebensjahr zurück, ab da aber wird es schon dunkler. Es mögen uns einzelne Bilder, Szenen aufsteigen, aber die Gefühle, die Freude und Begeisterung, Eifersucht, archaische Wut und Verzweiflung, all das also, was wir tagtäglich an unseren Kindern erleben, scheint völlig aus unserem Gedächtnis verbannt zu sein.

Freud (1905, 175ff.) hat dieses Phänomen *infantile Amnesie* genannt: Ungefähr um das sechste Lebensjahr herum versinkt ein großer Teil der kindlichen Leidenschaften ins Dunkle der Verdrängung. Diese Verdrängungen bilden den Urgrund, aus dem unser unbewußtes Seelenleben sich speist, den Urgrund, aus dem die unbewußten Anteile unseres Alltagsbewußtseins und all dessen, was wir Charakter nennen, entstammen. Diese Verdrängungen bilden auch den Boden, auf dem unser späterer Neurosengarten wächst.

Aber da gibt es noch etwas. Die infantile Amnesie ist für eines der Grundprobleme aller Erziehung verantwortlich. Mit der Verdrängung unserer eigenen kindlichen Leidenschaften und der daraus erwachsenden seelischen Konflikte sind wir eines wichtigen Mittels beraubt, uns in unsere Kinder einfühlen, sie verstehen zu können.

Die Amnesie ist freilich nicht vollständig und auch nicht völlig unerschütterlich. Gerade der Kontakt mit Kindern ist geeignet, längst Verdrängtes wieder zu aktivieren. Sehr häufig geschieht diese Aktivierung jedoch in einer Form, die dem Verstehenkönnen nicht entgegenkommt, sondern, ganz im Gegenteil, Einfühlen und Verstehen möglicherweise völlig ausschließt.

Um zu begreifen, was ich meine, müssen wir daran denken, was uns die Psychoanalyse über die Verdrängung lehrt. Verdrängen muß das Ich, wenn unbezwingbare Wünsche, Strebungen oder Phantasien unerträgliche Affekte nach sich ziehen (Scham, Schuldgefühle und vor allem Angst), weil sie mit entgegengesetzten Strebungen oder mit Anforderungen der Umwelt oder des eigenen Überichs in Konflikt geraten. Was geschieht nun, wenn wir in Gestalt unserer Kinder mit Wesen konfrontiert sind, die jene konfliktbehafteten seelischen Inhalte noch nicht ins Unbewußte verbannt haben, sondern sie offen und sichtbar leben? Da kann es passieren, daß jene Gefühle der Scham, Schuld und Angst sich wiederbeleben, unsere mühsame Verdrängungsarbeit sabotiert wird, indem die Kinder uns den Spiegel des eigenen Unbewußten vor Augen halten. Die Konfrontation mit den eigenen Triebstrebungen halten wir aber heute ähnlich schlecht aus wie einst als Sechs- oder Siebenjährige (andernfalls wäre eine Psychoanalyse auch nicht eine so langwierige und schwierige Sache). Somit sind wir neuerlich zum Handeln aufgerufen, um das (weitgehend angstfreie) psychische Gleichgewicht zu erhalten. Die unmittelbare Gefahr für dieses Gleichgewicht geht nun jedoch nicht vom eigenen Inneren, sondern von den kleinen Kindern aus, deren Wünsche und Leidenschaften wir daher zu bannen und zu unterdrücken versuchen.

Darin scheint mir – aus psychoanalytischer Sicht – eines der großen Probleme von Erziehung zu liegen: daß wir Erziehung – die auf bewußter Ebene dem Wohl der Kinder dienen soll – ohne es zu wissen dazu verwenden, um unsere eigenen Ängste, Schuld- und Schamgefühle abzuwehren, was dann ganz bestimmt nicht den Kindern zugute kommt. Es ist dies einer der Gründe, warum bereits die Pioniere der Psychoanalytischen Pädagogik meinten, daß eigentlich alle Pädagogen selbst eine Analyse machen müßten, um den eigenen Trieben, und damit auch der Lebendigkeit der Kinder, angstfrei begegnen zu können – natürlich eine (leider) unrealisierbare Forderung.

Allein, es gibt eine Spezies von Menschen, die sich jenen freundlichen Zugang zum Kind, das sie selbst waren, offenbar erhalten haben. Es ginge wohl zu weit zu behaupten, sie hätten gar keine infantile Amnesie, aber diese scheint durchlässiger zu sein, oder anders ausgedrückt: Ein Teil der kindlichen Leidenschaften scheint weniger angstbesetzt zu sein, so daß einiges, was sie einst selbst gewünscht, ersehnt, gefürchtet und gedacht hatten, erinnerbar geblieben ist oder zumindest über die Identifizierung mit Kindern nachgefühlt und nachgespürt werden kann. Diese Spezies Mensch, von der ich rede, ist eine Handvoll begnadeter Kinderbuchautoren. Und zu diesen gehört – an ganz vorderer Stelle – auch Astrid Lindgren.

Astrid Lindgren selbst ist für mich ein solch »raunender Brunnen«, wie jener aus ihrer wunderbaren Erzählung *Mio, mein Mio,* aus welcher die Passage stammt, mit der ich begonnen habe; ein schier unerschöpflicher Quell von Märchen und Geschichten aus – für uns Erwachsene – längst versunkenen Tagen.

Was bedeutet es nun, über ein solches Talent, über diese Fähigkeit des Sich-Erinnern-Könnens zu verfügen? Nicht mehr und nicht weniger, als daß diese Menschen Geschichten erzählen, »erfinden«, mit deren Helden und Schicksalen sich *Kinder spontan identifizieren können*.

Ich meine hier jedoch eine besondere Art der Identifizierung, die etwas anders ist als die uns täglich vertraute, wenn wir ein Buch lesen oder einen Film anschauen. Auch wir identifizieren uns mit den Protagonisten dieser Geschichten – andernfalls es ganz unbegreiflich wäre, warum wir mit Personen mithoffen, mitleiden und uns anläßlich des Happy-Ends mitfreuen sollten, von denen wir wissen, daß sie erstens nur Schauspieler, und zweitens ihre Schicksale erfunden sind.

Das aber ist es nicht allein, was sich bei Kindern angesichts ihrer Lieblingsgeschichten seelisch abspielt. Der Unterschied zeigt sich an einem bekannten Phänomen. Während wir meistens ein Buch, einen Film, selbst wenn wir großen Gefallen daran gefunden haben, nur einmal ansehen, weil es uns sonst langweilig würde, scheint den Kindern diese Art von Neugier abzugehen. Alle Kinder haben eine Reihe von Geschichten oder Märchen, die sie *immer wieder* hören oder lesen möchten. Mit einigen wenigen Büchern und Filmen mag es manchen von uns ähnlich gehen, was aber eher die Ausnahme ist. Umgekehrt nehmen natürlich auch Kinder manche Geschichten kein zweites Mal zur Hand, weil »ich sie ja schon kenne«. Tatsächlich zeigt uns dieses Verhalten aber fast immer an, daß die betreffende Erzählung dem Kind nicht besonders gefallen (oder es geängstigt) hat. Offensichtlich erfüllen dagegen die *Lieblingsgeschichten* eine psychische Funktion, deren wir Erwachsene entweder nicht oder weniger bedürfen, oder die inzwischen auf andere Weise Erfüllung findet.

Wie wichtig diese Funktion sein muß, erkennt man, wenn man versucht, solche endlos wiederholten Geschichten etwas zu variieren, man ihnen eine neue Wendung geben möchte, alles aus dem freundlichen Bemühen heraus, zu verhindern, daß dem Kind langweilig werde. Doch wehe uns! Sogleich erleben wir heftigsten Protest und sehen uns der unerbittlichen Forderung gegenüber, die Geschichte Szene für Szene, Wort für Wort exakt gleich wiederzuerzählen. Handelt es sich um eine niedergeschriebene Geschichte, läßt sich das ja unschwer machen. Bei mündlichen Erzählungen kann diese Strenge, gepaart mit dem phänomenalen Gedächtnis der Kinder, schon erhebliche Schwierigkeiten bereiten. Immer wieder werden wir bei Ungenauigkeiten ertappt, die freilich keinesfalls toleriert werden. (Dieses Bedürfnis bzw. die Freude an der Wiederholung des schon Bekannten ist auch der Grund, warum sich Kinder so gerne das Werbefernsehen anschauen: kurze Geschichten, die man kennt, bei denen man genau weiß, wie sie weitergehen.)

Die Fragen, die wir uns also stellen, lauten: Was hat dieses geradezu unstillbare Verlangen nach Wiederholung für eine Bedeutung? Und: Was macht bestimmte Geschichten geeignet, dieses Verlangen auszulösen, andere dagegen nicht?

Das literarische Vergnügen der Kinder hat also eine deutlich »konservative Tendenz«. Das Bedürfnis nach steter und exakter Wiederholung vermittelt uns den Eindruck, als würde sich das Kind gegen Neues bzw. gegen Veränderung sträuben, am Gewohnten festhalten, Kontinuität sichern wollen. Daß es sich dabei tatsächlich um ein wichtiges Bedürfnis der Kinder handelt, wissen wir aus ihren Erwartungen und Ansprüchen in den primären Liebesbeziehungen. Aber warum äußert sich diese konservative Tendenz ausgerechnet im Umgang mit Literatur? Warum sind Bücher, Geschichten nicht eine Gelegenheit für die Realisierung einer anderen Tendenz, die normale Kinder schließlich ebenfalls haben: neugierig zu sein, Lust am Entdecken, Lernen zu haben usw.?

Vielleicht liefert uns das Kind selbst die Antwort, wenn wir es beobachten. Dann sehen wir nämlich, daß die Lust offenbar von dem Umstand ausgeht, daß es erstens immer schon *weiß, wie es weitergeht* und – damit zusammenhängend – die Personen bzw. Situationen *wiedererkennt*.

Wiedererkennen aber ist ein Erlebnis von archaischer Bedeutung: zum Beispiel das erste Lächeln beim Erkennen des Gesichts, wenn man sich über das Baby beugt. Im Grunde genommen spielt das Wiedererkennen aber schon beim zweiten Stillakt eine zentrale Rolle und ermöglicht dem Baby einen immer geübteren Umgang sowohl mit den eigenen Hungerempfindungen als auch mit dem Körper der Mutter. Indem das Baby sich an Empfindungen, Tätigkeiten und Reize erinnert, wird aus dem Chaos der Welt das Bekannte herausgehoben, wodurch sich erste Strukturen der Wahrnehmung und Selbstwahrnehmung bilden. Welche enorme affektive Bedeutung dem Bekannten – und darob Wiedererkannten – zukommt, zeigt sich besonders eindrucksvoll am sogenannten »Fremdeln« des Kindes um den siebenten, achten Lebensmonat herum (die »Achtmonats-Angst« nach René Spitz 1965, 172 ff.): Während das Baby das Gesicht der Mutter anlächelt, verzieht es sein Gesichtchen enttäuscht, verängstigt und fängt nicht selten zu weinen oder zu schreien an, wenn es einer anderen Person ansichtig wird. An dieser Stelle fängt das Kind an, die Welt in »vertraut« und »fremd« zu teilen, was den Gefühlen des Geborgen- und Geliebtseins auf der einen und Angst auf der anderen Seite entspricht. Dieser beobachtbare Zusammenhang von Wiedererkennen und Lächeln bzw. Fröhlichkeit läßt darüber hinaus die Vermutung legitim erscheinen, daß auch das Phänomen des Humors hier seinen Ursprung hat.

Nicht zufällig ist das Wiedererkennen gerade im Babyalter ein besonders aufregendes Erlebnis. Das Baby ist hilflos und in seinem Überleben und seiner Triebbefriedigung ganz von der Außenwelt abhängig. Im Zustand der Abhängigkeit dreht sich jedoch alles um die Frage, ob diese Außenwelt mir gut oder böse gesinnt ist. Wir beginnen zu verstehen, wohin sich die Funktion des Wiedererkennens, das dem Baby Angst nimmt und Zuversicht schenkt, bei uns Erwachsenen verlagert hat: in das Wissen um unsere Handlungsmöglichkeiten, unsere Fähigkeiten, unsere reale Macht und Lebenskompetenz. Oder vielleicht sollte man richtiger sagen: Das Erkennen von schon Erfahrenem ist die erste Form dieser Kompetenz zur Welt- und Lebensbewältigung, die – der kindlichen Abhängigkeit zufolge – jedoch einen eher passiven Charakter hat.

Warum und in welcher Hinsicht spielt nun das Wiedererkennen als ein entängstigendes, Sicherheit gebendes Erlebnis in der Literatur für (doch schon ältere) Kinder eine so große Rolle? Ich denke, sie tut das in dreifacher Hinsicht:

(1) Zu einer Zeit, in welcher der Phantasie im Leben der Kinder ein großer Stellenwert zuzukommen beginnt – gerade auch als Lösungsstrategie für in der »Realität« nicht lösbare Probleme –, gewinnt das Kind an den Helden seiner Geschichten *Freunde*. Das Wiedererkennen wird so zu einer Wiederbegegnung, die die (latent bedrohliche) Welt des Kindes um einige vertraute Personen bereichert. Dazu kommt, daß diese Freunde sich den Allmachtsphantasien unterordnen lassen: Man kann sie, wann immer man will, ins Kinderzimmer einladen, Zeit mit ihnen verbringen, und sie lassen sich wegschicken, wenn sie nicht mehr gebraucht werden.

(2) Dieses Wiedererkennen von Personen als Freunde ist jedoch vergleichsweise unwichtig gegenüber einem anderen Wiedererkennen: nämlich der Möglichkeit, *sich selbst in anderen, in den Helden der Geschichten, wiederzuerkennen:* in den eigenen Sorgen, Nöten, Ängsten und Wünschen. Warum ist gerade dieser Aspekt so bedeutsam?

Zum einen fühle ich mich als Kind dann nicht so allein mit meinen Problemen. Was aber wichtiger ist: Ich erkenne, daß ich nicht der einzige bin, der mitunter »spinnt«, böse ist oder unfähig, feig, verführbar, gierig, schlimm, eifersüchtig, faul, unvorsichtig, stolz, zornig, grausam, egoistisch, ängstlich, empfindsam und hilflos: Nicht ich allein, sondern *Kinder* sind so, *Menschen* sind so. Daraus kann das Kind eine unerhörte narzißtische Entlastung beziehen, darüber hinaus vermag diese Erkenntnis Angst zu mildern. Und zwar jene Angst vor Liebesverlust, die mit der Phantasie verbunden ist, daß nur mit mir etwas nicht in Ordnung ist, und sich die Eltern daher ein anderes Kind gewünscht hätten.

Das Wiedererkennen eigener Probleme und Wünsche in den Helden jener Geschichten hat noch eine dritte, geradezu therapeutische Funktion: Es hat den Charakter einer psychoanalytischen

Deutung: Da wir davon ausgehen können, daß ein großer Teil dieser seelischen Regungen zwar irgendwie gespürt, nicht jedoch klar bewußt ist, erfüllen jene Geschichten auch die Funktion, diesen Regungen einen Namen zu geben und sie an Personen und Handlungsabläufen festzumachen. Die Wünsche und Nöte des Kindes erlangen auf diese Weise eine symbolische Gestalt, die sie bewußtseinsfähig macht.

(3) Mit diesem »Bewußtwerden durch Symbolisierung« hängt eine dritte Funktion des Wiedererkennens zusammen: sich anhand der Helden und ihren Schicksalen immer wieder vor Augen zu führen, wie mit diesen Problemen, Gefühlen, Wünschen, inneren und äußeren Konflikten umgegangen werden kann, wie sie vielleicht lösbar wären.

An diesem Punkt vermögen gute Geschichten das Kind über den Horizont seiner alltäglichen Lebenserfahrung hinauszuführen, indem bislang Unmögliches möglich erscheint, indem die Geschichten am Beispiel ihrer Helden die Kinder von passiv Erleidenden zu aktiven Gestaltern ihres Lebens machen und ihnen endlich Zuversicht und Vertrauen in die eigene Kraft schenken, aber auch in die Hilfe und Unterstützung, die sie von der Umwelt erwarten dürfen. Und noch etwas: In Geschichten eröffnet sich dem Kind auch *Geschichte*, das heißt die Erkenntnis, daß das, was heute ist, nicht so bleiben muß. Das fängt an beim Trost, den es bereitet zu wissen, daß mich die Mama, die gerade böse auf mich ist, mich in einer Stunde oder morgen wieder in die Arme nehmen wird; das setzt sich fort in der Zuversicht, daß ich das, was ich heute noch nicht zusammenbringe, übermorgen beherrschen werde; und reicht bis hin zur leichteren Erträglichkeit meiner Schwäche, Unterlegenheit und Hilflosigkeit als Kind, wenn ich mir ausmalen kann, daß ich einst ebenso groß, geschickt, schön, stark oder gescheit sein werde wie Papa oder Mama. (Dieser Aspekt der Entwicklung vom Kind zum Erwachsenen spielt etwa in den Volksmärchen eine zentrale Rolle, deren Helden zu Beginn Kinder sind und die Erzählung als Meister oder König bzw. mit der Heirat beenden.)

Geschichten ermöglichen Kindern also, mit den Schwierigkeiten des Lebens in einer spielerisch-denkenden Weise umzugehen, und erfüllen damit eine psychohygienische Funktion, die nicht zuletzt auch in der Psychotherapie eine große Rolle spielt. So gesehen sollte es uns eigentlich nicht verwundern, wenn Kinder »ihre« Geschichten immer und immer wieder lesen und hören wollen.

Warum nun gerade die Geschichten der *Astrid Lindgren* sich so besonders eignen, Kindern Angst zu nehmen und Zuversicht zu schenken, indem sie sich in den Helden dieser Geschichten wiederzufinden vermögen, läßt sich wohl am besten an ihren Geschichten selbst zeigen. Hören wir also zu ...

Lotta zieht um

Lotta zieht um ist eine der schönsten Geschichten Astrid Lindgrens. Da in dieser Geschichte so viel von den alltäglichen Nöten der Kinder enthalten ist, widme ich ihr auch den größten Platz. Der Leser/die Leserin möge mich also in die Krachmacherstraße begleiten und dort jene Lotta kennenlernen, der die verdiente Ehre zukommt, den Titel meines Aufsatzes zu prägen.

> Als Lotta aus der Krachmacherstraße gerade fünf Jahre alt geworden war, wachte sie eines Morgens auf und hatte schon von Anfang an schlechte Laune. Sie hatte etwas geträumt, was sie ärgerte, und sie glaubte, was man träume, sei wahr, die kleine, dumme Lotta. Darum war sie böse.
> »Die haben meinen Teddy gehauen!« schrie Lotta, als Mama hereinkam, um nachzusehen, weshalb Lotta morgens um acht im Bett saß und laut heulte.
> »Wer hat deinen Teddy gehauen?« fragte Mama.
> »Jonas und Mia-Maria!« schrie Lotta.
> »Liebe Lotta, das hast du nur geträumt«, sagte Mama. »Jonas und Mia-Maria sind in die Schule gegangen. Sie haben gar keine Zeit gehabt, deinen Teddy zu verhauen.«
> »Sie haben es aber doch getan, wenn sie auch keine Zeit hatten«, weinte Lotta und streichelte den armen Teddy.
> Lottas Teddy war ein dickes Schweinchen, das Mama aus hellrosa Stoff genäht und Lotta geschenkt hatte, als sie drei Jahre alt geworden war. Damals war der

Teddy sauber und rosa und fein gewesen, jetzt war er schmutzig und sah wirklich aus wie ein richtiges Schweinchen. Lotta aber meinte, es wäre ein Bär, und darum mußte er Teddy heißen, obwohl Jonas immer sagte: »Hahaha, es ist kein Bär, es ist ein Schwein!«

»Du Dummer«, sagte Lotta dann, »es ist doch ein Bär!«

»Denkst du«, sagte Jonas. »Bären sind aber nicht rosa. Glaubst du, es ist ein Eisbär oder ein gewöhnlicher Bär?«

»Es ist ein Schweinsbär«, sagte Lotta, »stell dir mal vor!«

Und ihren Schweinsbären liebte Lotta. Er durfte nachts in ihrem Bett schlafen, und sie erzählte sich viel mit ihm, wenn Jonas und Mia-Maria es nicht hörten.

Aber jetzt lag der Teddy dort auf dem Kissen und war unglücklich, weil Jonas und Mia-Maria ihn gehauen hatten, wie Lotta meinte. Sie weinte und streichelte den Teddy und sagte: »Armer Teddy, ich verprügle Jonas und Mia-Maria. Das tu ich!«

Jonas und Mia-Maria und Lotta und Mama und Papa wohnten in einem gelben Haus in der Krachmacherstraße. Jonas und Mia-Maria gingen jeden Morgen in die Schule, und Papa ging ins Büro. Mama und Lotta blieben als einzige zu Hause.

»Es ist ein wahres Glück, daß ich meine kleine Lotta habe«, sagte Mama immer. »Sonst wäre ich den ganzen Tag hier allein.«

»Ja, es ist ein wahres Glück, daß du mich hast«, sagte Lotta dann. »Sonst könntest du einem wirklich leid tun.«

Aber das sagte sie nicht jetzt, nicht an diesem Morgen, als sie so böse war. Da sagte sie nichts, sondern saß nur da und maulte und machte ein beleidigtes Gesicht.

Bis hierher haben wir es mit dem Vorspiel zu tun, das eigentliche Drama beginnt erst ...

Als sie sich dann anziehen sollte, brachte Mama den weißen Pullover, den Oma für Lotta gestrickt hatte.

»Den nicht«, sagte Lotta. »Der kratzt und piekt.«

»Der kratzt bestimmt nicht«, sagte Mama. »Fühl mal, wie weich und mollig er ist.«

»Nein, der kratzt und piekt«, sagte Lotta, ohne zu fühlen. »Ich will mein Sandkleid anziehen.«

Sie hatte ein hellblaues Samtkleid, das ihr bestes Kleid war. »Sandkleid«, nannte Lotta es. Und jetzt wollte sie das anziehen, und dabei war heute nur Donnerstag, ein ganz gewöhnlicher Donnerstag.

»Sonntag darfst du das Samtkleid anziehen«, sagte Mama. »Heute wird dieser Pullover angezogen.«

»Dann laufe ich lieber nackt herum«, sagte Lotta.
»Dann tu das«, sagte Mama und ging in die Küche hinunter.

An dieser Stelle beginnt Lotta also zu *trotzen,* obwohl es sich hier um etwas anderes handelt, als üblicherweise unter »Trotz« verstanden wird. Mit Trotz verbindet man zumeist bloßen Negativismus, Freude an Opposition, sinnloses Neinsagen. So mag es für die Mutter aussehen, bestimmt aber nicht aus Lottas Sicht. Denn für Lotta ist etwas passiert, und zwar etwas, das sie empört und wütend macht. Schuld daran sind die Geschwister, aber Jonas und Mia-Maria sind nicht da, also bleibt nur die Mutter, auf die sie wütend sein kann. Aber die Mutter ist keinesfalls nur Ersatzobjekt, sondern inzwischen selbst zur Schuldigen geworden: Statt daß sie Lotta richtig tröstet, auf Jonas und Mia-Maria ebenfalls böse ist, sich also zu Lotta loyal verhält, tut sie so, als würde Lotta spinnen, und ist am Ende gar noch auf sie böse. Das aber ist zuviel. Der Punkt ist erreicht, wo Lotta nicht mehr mitzuspielen gedenkt. Jetzt muß auch die Mama ihre Strafe bekommen: »Ich werde den Pullover nicht anziehen!« beschließt sie.

Außer der Intention, die Mama zu bestrafen, scheint mir an dieser Stelle ein weiterer Gedanke Lottas sichtbar zu werden: »Es kann nicht sein, daß immer alles nach eurem Wollen (dem Wollen der Erwachsenen) geht!« Ich glaube, Lotta braucht ihr »Nein« und das Beharren auf dem Samtkleid auch dazu, um sich in diesem Augenblick weiter *spüren zu* können.

Lotta blieb oben im Kinderzimmer sitzen, böse und nackt, ja, natürlich nicht ganz nackt. Sie hatte ein Hemdchen an und Höschen und Strümpfe.
»Aber sonst ganz und gar nackt«, sagte Lotta zu ihrem Teddy – er war ja der einzige, den sie zum Reden hatte.

Also Lotta fühlt sich zwar ausgeschlossen, aber ein wenig kokettiert sie auch damit: »Aber sonst ganz und gar nackt«, als hätte es schon auch etwas Reizvolles, sich so ganz und gar frierend und ungeliebt zu sehen. Man hat den Eindruck, als müsse Lotta ihren Zorn, ihre Wut etwas wappnen, zum einen gegen Vernunftgründe – etwa, daß es vielleicht doch nur ein Traum war –, zum anderen gegen die Verführung, mit der Mama in gutem Einvernehmen zu sein. Es ist eben für ein kleines Kind nicht so einfach, zornig zu bleiben.

»Lotta, du kommst wohl gleich herunter und trinkst deinen Kakao«, rief Mama unten an der Treppe.
»Denkst du«, murmelte Lotta auf ihrer Bettkante.
»Antworte doch, Lotta!« rief Mama. »Willst du Kakao trinken oder nicht?«
Jetzt war Lotta ganz zufrieden. Mama mochte ruhig fragen und fragen, ob Lotta Kakao trinken wollte. Lotta dachte nicht daran, zu antworten, und sie fand es schön, daß sie nicht antwortete, wenn Mama rief.
Aber sie hatte Hunger und hätte nur zu gern Kakao getrunken, und nachdem sie eine kleine Weile gewartet hatte, nahm sie ihren Teddy und ging die Treppe hinunter. Sehr langsam ging sie, und sie blieb auf jeder Stufe einen Augenblick stehen. Mama sollte nicht zu sicher sein – vielleicht trank sie Kakao und vielleicht auch nicht.
»Ich werde mal sehen, was ich tue«, sagte Lotta zum Teddy. Und dann ging sie in die Küche.
»Sieh mal an, da ist ja Lotta!« rief Mama. Lotta blieb an der Tür stehen und maulte immer weiter, damit Mama nicht dachte, sie sei etwa nicht mehr böse.
Mama und Lotta aßen morgens zusammen in der Küche ihr Frühstück. Es war dort immer so gemütlich – und jetzt auch wieder. Die Sonne schien durchs Fenster, und auf dem Tisch stand Lottas eigene blaue Tasse, bis an den Rand voll Kakao, und daneben lag ein Käsebrot.
Sonst plapperte Lotta in einem fort, aber heute sagte sie nichts. Und Mama saß am Tisch, trank Kaffee und las die Zeitung und sagte ebenfalls kein Wort.
Schließlich sagte Lotta: »Ich kann ja ein bißchen Kakao trinken, wenn es durchaus sein muß.«
»Nein, es muß nicht durchaus sein«, sagte Mama. »Und vor allem zieh dich erst an!«

Oh weh! An dieser Stelle der Geschichte geschieht etwas sehr Schlimmes. Wir haben schon vorher gesehen, daß sich Lotta gegen das Wieder-gut-Sein wappnen mußte, und nun kommt noch die Verführung durch den duftenden Kakao dazu. Noch bewahrt sie sich die Vorstellung, widerstehen zu können: »Ich werde sehen, ob ich ihn trinke oder nicht«, denkt sie sich. Wenn Freud sagt, daß unser ganzes Seelenleben aus Kompromissen zwischen unterschiedlichen Strebungen besteht, so gibt uns Lotta dafür ein schönes Beispiel: Sie trachtet, böse zu bleiben, sich als unabhängig zu behaupten und trotzdem zu ihrem Kakao zu kommen – sie vollzieht dieses Kunststück, indem sie das Trinken des Kakaos zum Wunsch der Mutter macht und sich selbst als folgsames Kind präsentiert. Es ist ein geradezu diplomatisches Angebot, bei dem keiner von beiden das Gesicht verliert: »... Wenn es durchaus sein muß.«

Aber die Mama nimmt das Waffenstillstandsangebot nicht an. Dabei hätte gerade hier noch alles gut werden können. Wir können uns auch fragen, warum die Mutter das Angebot nicht annimmt, denn eigentlich ist Lottas Mama – wie alle Eltern bei Astrid Lindgren – eine sehr liebe Mama. Es wird wohl die Aggression sein, die in Lottas Friedensangebot fein verpackt ist. Denn genaugenommen ist Lottas »Folgsamkeit« ein herablassendes Nachgeben gegenüber den Launen der Mutter, wodurch die Mutter zur Schuldigen, zu jener, die spinnt, wird. Das spürt sie wohl, und nun reicht es auch ihr.

Damit läßt sich nun aber für Lotta der schöne Kompromiß nicht mehr erreichen. Nicht nur, daß der Kakao nun wirklich gefährdet ist, wird sie – nach ihrer großen Geste – nun wie ein Baby in ihr Zimmer geschickt, was in hohem Maße kränkend ist.

> Nun war Lotta ohnehin schon ziemlich böse gewesen, aber jetzt geriet sie richtig in Wut. Oh, wie war Mama dumm! Kein Kleid bekam man anzuziehen, bloß einen ekligen Pullover, der kratzte und piekte, und nun bekam man auch nichts zu essen! Oh, wie war Mama dumm!
> »Du Dumme!« schrie Lotta und stampfte mit dem Fuß auf.
> »So, Lotta«, sagte Mama, »nun ist es aber genug. Geh hinauf ins Kinderzimmer und bleib da, bis du wieder artig bist.«

Wir sehen, der Dialog ist hier bereits entgleist. Die Mutter findet keinen Bezug mehr zu Lottas Motiven. Und Lotta hat die Mutter verloren, die sie vielleicht gerade jetzt benötigen würde. Oder anders ausgedrückt: Die Mutter hat jenen Bereich möglicher Rollen verlassen, innerhalb dessen es für Lotta noch möglich gewesen wäre, den Konflikt mit ihr durchzustehen, ohne die Kontrolle zu verlieren und von ihren Affekten überschwemmt zu werden. Hier aber steht die Mutter im Augenblick nicht mehr zur Verfügung. Das Ergebnis ist Wut, Einsamkeit und in der Folge die Wiederbelebung jener Zeiten, in denen die Objekte sich von einem Augenblick zum anderen von »ganz guten« zu »ganz bösen« verwandeln konnten. Mit anderen Worten: In diesem Augenblick hat Lotta ihre »gute Mutter« verloren, geblieben ist nur die »böse Mutter« oder gar keine (Figdor 1991, 81f.).

Da begann Lotta zu brüllen, daß man es sogar bei Tante Berg im Nebenhaus hören konnte. Und sie rannte durch die Küchentür hinaus und die Treppe hinauf ins Kinderzimmer und brüllte unausgesetzt, so daß Tante Berg drüben den Kopf schüttelte und sagte:
»Nun hat Lottachen aber sicher Bauchweh!«
Aber Lotta hatte überhaupt kein Bauchweh, sie war nur wütend. Und als sie am wütendsten war, fiel ihr Blick auf den weißen Pullover. Der lag auf einem Stuhl und sah aus, als kratzte er schlimmer als je zuvor.
Lotta stieß ein Geheul aus und schmiß den Pullover auf den Fußboden. Aber dann verstummte sie. Auf dem Fußboden gleich neben dem Pullover lag eine Schere, die Lotta immer gebrauchte, wenn sie Anziehpuppen ausschnitt. Langsam hob Lotta die Schere auf und schnitt ein großes Loch in den Pullover.
»Das geschieht dir ganz recht«, sagte Lotta, »denn du kratzt und piekst.«
Lotta fuhr mit der Hand durch das Loch. Oh, das war aber groß! Und es sah unheimlich aus, wie da eine ganze Hand herausstak, wo keine Hand herausstecken durfte. Lotta bekam Angst.
»Ich sage, ein Hund hat ihn kaputtgebissen«, sagte sie zum Teddy.

Man sieht, der Konflikt verlagert sich. Wir haben es jetzt mit einem klassischen *Aggressions-Überich-Konflikt* zu tun: Lotta ist wütend, will den Pullover zerschneiden und weiß doch, daß es verboten ist. Vielleicht ist es noch mehr ein Ich- als ein Überich-Konflikt, indem sie sich weniger vor den Einsprüchen ihres Gewissens als vor dem fürchtet, was dann die Mama sagen oder tun könnte. Da ist die Idee, den Hund als Ausrede zu gebrauchen, ganz entlastend, zumindest eine Zeitlang.

Sie hielt den Pullover hoch und betrachtete ihn lange. Dann nahm sie die Schere und schnitt einen Ärmel ab.
»Ich sage, er hat ihn ganz schrecklich kaputtgebissen«, sagte Lotta. Wieder hielt sie den Pullover hoch und betrachtete ihn lange. Dann nahm sie die Schere und schnitt auch den zweiten Ärmel ab.
»So'n Hund ist mir aber noch nie vorgekommen«, sagte Lotta. Doch dann bekam sie ernstlich Angst. Sie knüllte den Pullover zu einem Ball zusammen und stopfte ihn in den Papierkorb. Jetzt wollte sie ihn nicht mehr sehen.
Im selben Augenblick rief Mama unten von der Treppe: »Lotta, bist du wieder artig?«
Da weinte Lotta leise vor sich hin und sagte: »Nein, kein bißchen.« Sie nahm den Teddy in den Arm und drückte ihn an sich.
»Es geschieht ihnen aber auch ganz recht«, sagte Lotta, »wo sie alle so häßlich zu mir sind.«

Das war nicht wahr, und das wußte Lotta. Schneidet man aber einen Pullover kurz und klein, dann braucht man jemanden, auf den man die Schuld schieben kann.
»Doch, doch, sie sind alle häßlich zu mir«, sagte Lotta zum Teddy. »Bloß deshalb schneide ich ja Sachen kaputt.« Sie sah zu dem Papierkorb hinunter, in dem der Pullover lag. »Und außerdem hat es ein Hund getan«, sagte sie.

Aber die Tragödie findet hier noch kein Ende. Es war nämlich Zeit, daß Mama einkaufen ging und ins Kinderzimmer kam. Nun war sie es, die ein Friedensangebot machte, aber welches! Sie sagte:

»Mach schnell und sei wieder artig, Lotta, und zieh den Pullover an. Dann darfst du mitkommen zum Einholen.«
Einholen, das war das Schönste, was es für Lotta gab. Aber der Pullover, den sie anziehen sollte, lag ja im Papierkorb und war zerschnitten.
Und da hob Lotta von neuem ein Geschrei an, das bis zu Tante Berg zu hören war.
»Was in aller Welt ist mit dir los, Lotta?« fragte Mama. »Hast du die Absicht, den ganzen Tag solchen Krach zu machen? Ja, dann muß ich wohl allein einholen gehen.«
Und dann ging Mama.
Lotta saß auf dem Fußboden und schrie ...

Was der Mutter als Kontinuität erscheint – Lotta fährt fort, verrückt zu sein, ein Schreien nach dem anderen –, ist, wie wir sehen, in Wirklichkeit eine Aufeinanderfolge immer neuer Situationen mit immer neuen (inneren) Konflikten. Nun handelt es sich nicht mehr um einen Trotzkonflikt (wie angesichts des verlockenden Kakaos), auch nicht mehr um einen Aggressionskonflikt, wie gerade eben. Jetzt ist nichts mehr da als *pure Verzweiflung*. Verzweiflung über das, was geschehen ist, und darüber, nun auch nicht mit der Mama einkaufen gehen zu können, was sie so gerne tut. Und sie kann jetzt nicht einmal mehr brav sein und den Pullover anziehen, den es nicht mehr gibt. Aber erklären kann sie es auch nicht. Mit einem Wort: Kein Ausweg. Wirklich *kein* Ausweg?

Lotta saß auf dem Fußboden und schrie, so lange sie konnte. Dann wurde sie still und begann zu überlegen.
Es würde noch so kommen, sagte sich Lotta, daß sie ihr ganzes Leben lang im Kinderzimmer sitzen mußte bloß wegen dieses Pullovers. Alle anderen gingen

einkaufen und gingen in die Schule und ins Büro oder hatten etwas anderes Schönes vor, aber Lotta mußte ganz allein ohne Kleid mit dem Teddy im Kinderzimmer auf dem Fußboden sitzen.
»Da ist es schon besser, wir gehen weg«, sagte Lotta zum Teddy. O gewiß, man konnte ja gehen. Maja, die Hausgehilfin von Frau Larsson, war auch gegangen. Es hätte ihr bei Larssons nicht gefallen, sagte Mama.
»Und mir gefällt es bei Nymans nicht«, sagte Lotta zum Teddy. Nymans, das waren Mama und Papa, Jonas und Mia-Maria – und natürlich Lotta selbst. »Die sind so häßlich zu mir, die Nymans«, sagte Lotta. Es geschieht ihnen ganz recht, wenn wir weggehen.« Lotta beschloß, sofort auszuziehen.
»Wir müssen schnell machen, sonst kommt Mama wieder nach Hause«, sagte sie zum Teddy, »und dann geht es nicht mehr.« Aber sie wollte nicht weggehen, ohne daß es bemerkt wurde. Mama sollte es wissen, und sie sollte weinen, weil Lotta nicht mehr da war. Darum nahm sie jetzt Papier und Bleistift und schrieb einen Zettel an Mama.
Jonas hatte ihr das Lesen und Schreiben der Druckbuchstaben beigebracht. Es war ziemlich schwer, aber es ging, und auf dem Zettel stand folgendes:

ICH BIN WEGESOGEN KUKT IM PAPIRKORP

Das sollte heißen: Ich bin weggezogen, guckt in den Papierkorb. »Dann weiß Mama gleich, weshalb ich weggezogen bin«, sagte Lotta.
Und dann nahm sie ihren Teddy und zog aus. Wie sie ging und stand, nur mit Hemdchen und Höschen und Strümpfen bekleidet. Vorher ging sie noch schnell in die Küche und trank den Kakao. Das Käsebrot nahm sie mit und aß es auf dem Flur auf.

Was uns Lotta hier demonstriert, ist einer der wichtigsten psychischen Mechanismen überhaupt: die *Wendung von der Passivität zur Aktivität.* »Nicht ihr verlaßt mich, sondern ich verlasse euch!« Das stellt zum einen das narzißtische Gleichgewicht wieder her, denn das aktive Verlassen heißt auch: »Ich bin nicht auf euch angewiesen!« Zum anderen nimmt es Angst weg. Denn wenn ich auf jemanden nicht angewiesen bin, kann mich die Verstimmung mit ihm oder sein Verlust ja auch nicht beängstigen. Diese Wendung von der Passivität zur Aktivität liegt auch vielen Spielen der Kinder zugrunde.

Aber es wäre nicht Astrid Lindgren, wenn Lotta nur auszöge, und Lotta wäre kein normales Kind, wenn sie tatsächlich ihr Elternhaus verließe und nicht wiederkäme. Lotta beschließt, zu Tante Berg, der Nachbarin, zu ziehen. Diese richtet ihr tatsächlich ein

Zimmer her, da gibt es sogar noch eine Puppe aus Tante Bergs eigener Kindheit mit verschiedenen Kleidern und anderes mehr. Lotta ist selig, sie ist wohl das einzige Kind auf der Welt mit einer eigenen Wohnung. Sie empfängt sogar den Besuch der Mama und des Papas und der Geschwister, die sie sehr um ihr neues Heim beneiden.

Das Glück ist vollkommen, allerdings nur bis zur Dämmerstunde. Es wird immer dunkler, niemand kommt mehr, und es wird ihr immer klarer, daß sie die Nacht ganz alleine verbringen wird müssen. Vom Fenster aus kann sie das Elternhaus sehen, macht hinter den beleuchteten Fenstern die Schatten ihrer Eltern und Geschwister aus und möchte im Moment nichts mehr auf der Welt, als selbst wieder dort sein. Und langsam überkommt die kleine Lotta das richtige Elend. Doch gerade als die Verzweiflung so richtig groß werden will, stehen Papa und Mama in der Tür, schließen ihre Lotta in die Arme und nehmen sie wieder mit zurück nach Hause.

Der Schritt in die Autonomie, die Wendung zur Aktivität war für Lotta eine große Entlastung für den Augenblick, aber konnte keine endgültige Lösung sein. Denn die Lösung der Probleme dieses schrecklichen Vormittags lag letzten Endes nicht in der Aufkündigung, sondern in der Wiederaufnahme der Liebesbeziehungen.

Madita, Michel, Peter und nochmals Lotta

Der Autonomie-Abhängigkeits-Konflikt

Der Konflikt zwischen Autonomie- und Abhängigkeitsbedürfnissen, mit der Lottas Umzuggeschichte endet, spielt bei Astrid Lindgren eine große Rolle. Etwa in der Variante der Zwiespältigkeit der Erregung, die sich einstellt, wenn gewohnte Bahnen verlassen werden, Neues oder Abenteuerliches unternommen werden soll. Jene Art Erregung, die zwischen Lust und Angst pendelt und in eine befriedigende Erleichterung mündet, in welcher sich die überwundene Gefahr mit dem Stolz paart, sich getraut zu haben.

Ein Beispiel dafür sind die Geschichten von *Madita*. Madita ist fast sieben Jahre alt und hat einen Freund, Abbe Nilsson. Das ist schon ein großer Bub, vierzehn Jahre alt, mit dem Madita eine Art Kampfesfreundschaft verbindet. Eines Tages fragt nun Abbe Madita, ob sie hellsichtig sei. Allerdings weiß Madita nicht, was »hellsichtig« heißt, worauf sie von Abbe darüber aufgeklärt wird, daß Hellsichtigsein bedeutet, Gespenster sehen zu können. Er, Abbe, hätte diese Fähigkeit, im Unterschied zu den meisten Sterblichen. Er besuche, so behauptet er, fast täglich um Mitternacht in der Waschküche seiner Eltern den Geist seines Ururgroßvaters. Mit diesem hat es nämlich eine besondere Bewandtnis. Abbe ist der Sohn einer armen Häuslerfamilie, der Vater ist meist betrunken, und die Mutter liegt fast den ganzen Tag im Bett, und die gesamte Arbeit muß von Abbe geleistet werden. In Wirklichkeit jedoch, behauptet Abbe, sei dieser Ururgroßvater der allerreichste Graf gewesen, den man sich vorstellen kann, weshalb er, Abbe, auch ein Graf sei, allerdings dürfe das niemand wissen. Das Problem, warum der arme Ururgroßvater keine Ruhe in seinem Grab finde wie andere Grafen, bestehe darin, daß er einst, vor hundert Jahren, einen großen Haufen Geld in seinem Brauhaus – der jetzigen Waschküche von Tante Nilsson, der Mutter Abbes – vergraben hatte. Dieser Schatz läßt ihm keine Ruhe, darum muß er jede Nacht nachschauen kommen. Man müßte etwas unternehmen, um rauszukriegen, wo das Geld vergraben sei. Dazu müsse man mit dem Geist reden, aber um das zu können, muß man hellsichtig sein.

> »Na, kommst du nun mit?« fragte Abbe noch strenger als vorher. »Ja-a«, sagte Madita, »doch, dann komm ich wohl mit.« »Famos«, sagte Abbe. »Auf dich kann man sich verlassen.«
> Madita und Lisabet (Lisabet ist Maditas kleine Schwester) gehen abends immer um sieben zu Bett. Dann kommt Mutti noch für ein Weilchen herein, erzählt ihnen Märchen und singt ihnen etwas vor. Ganz zum Schluß singen dann alle zusammen, Mutti, Madita und Lisabet, ein Lied. Manchmal ist auch Vati dabei, dann singen sie zweistimmig. »Schön ist der Abend, friedlich und still«, singen sie. Madita wird immer so froh, wenn sie hört, wie schön es klingt, und beinahe noch froher machen sie die Worte, wenn sie auch nicht weiß, warum ...
> Doch dieser Abend ist nicht lieblich und still. Er ist alles andere als das.
> Bei dem bloßen Gedanken an das, was sie vorhat, läuft Madita ein Schauder nach dem anderen über den Rücken, aber die Schauder sind gar nicht so unangenehm. Das Unbekannte und Spannende lockt und lockt. Und da sie sich

nun einmal entschlossen hat, zu Nilssons Waschhaus zu gehen, um festzustellen, ob sie hellsichtig ist, da ist das etwa so, als wenn sie zum Zahnarzt muß: Am schlimmsten ist es, ehe bestimmt worden ist, daß sie hin muß. Danach ist es gar nicht mehr so arg. Und wenn Abbe es aushalten kann, Gespenster zu sehen, dann wird sie es ja wohl auch fertigbringen. Das glaubt sie jedenfalls, solange sie noch im Bett liegt. Vati und Mutti haben schon längst gute Nacht gesagt. Jetzt wartet Madita nur darauf, daß Lisabet einschläft, denn was sie vorhat, ist so geheim, daß nicht einmal Lisabet etwas davon wissen darf.

Dann wird es ganz aufregend, denn sie muß warten, bis Lisabet eingeschlafen ist, muß sich im Finstern anziehen, über eine Veranda auf jenen Apfelbaum hinaufklettern, von dem sie dann in Abbes Garten gelangen kann. Durch das Quietschen des Veranda-Fensters wäre sie bald erwischt worden. Nun ist sie auf dem Dach und hört noch leise das Klavierspiel ihrer Mutter in der schönen warmen und hellen Stube.

Alles, was lieb und traulich ist, läßt sie jetzt hinter sich. Vor ihr liegen nur Finsternis und Gefahr.
Es ist November. Ein dunkler, kalter Novemberabend, viel unheimlicher, als sich Madita ihn vorgestellt hat. Der Wind heult durch die Bäume. Sie haben das Laub verloren, das sonst immer so freundlich rauschte, und klappern jetzt mit den Zweigen, als wollten sie sie erschrecken. Dann steht Madita im Dunkeln vor Abbes Fenster. Sie sieht Nilssons in der Küche sitzen, Abbe und seine Mutter und seinen Vater. Wie gern würde sie jetzt zu ihnen hineingehen und dort sein, wo Licht und Wärme ist, aber Abbe hat gesagt, sie soll vor dem Fenster warten und wie ein Käuzchen rufen. Madita ist gehorsam und tut es gleich. Es klingt so unheimlich, daß sie es selber mit der Angst bekommt und Tante Nilsson da drinnen zusammenschrickt. Aber auch in Abbe kommt Leben. Er springt vom Stuhl und stülpt sich die Mütze auf den Kopf. Jetzt ist er schon an der Tür. Madita sieht ihn im matten Schein der Petroleumlampe ...
Weit hinten in Nilssons Garten, ganz unten am Fluß, liegt das Waschhaus. Ein schmaler, ausgetretener Pfad führt dorthin. Abbe hat eine Taschenlampe mitgenommen, und damit leuchtet er jetzt, damit sich Madita nicht den Kopf an irgendeinem bemoosten Apfelbaum stößt. So nett und besorgt ist Abbe!
»Darf ich dich an der Hand fassen?« fragt Madita. »Ich seh dann besser« ...
Das Waschhaus liegt dort dunkel und schwarz, es sieht wahrhaftig allemal wie ein Spukhaus aus. Und es ist da so unheimlich still. Kann das wirklich dasselbe Häuschen sein, das so gemütlich und voll munterer Geräusche ist, wenn Tante Nilsson dort wäscht?

Sie hat Angst, und das spürt er. Die Taschenlampe hat er ausgeknipst, und jetzt packt er den großen, schweren Schlüssel und will ihn gerade herumdrehen, aber auf einmal hält er inne.
»Also, sag jetzt, ob du es willst oder nicht«, flüstert er.
»Ich hab nur gedacht, du möchtest vielleicht gern mal'n Gespenst sehen, aber du brauchst nicht, wenn du nicht willst.«
In diesem Augenblick rasselt der Wecker in der Waschküche los, als wollte er sämtliche Nachtgespenster aufschrecken, um ihnen mitzuteilen, daß Madita jetzt kommt. Es klingt schaurig.

Den Wecker hat nämlich Abbe auf neun Uhr gestellt, damit der Urgroßvater, der ja normalerweise erst um Mitternacht zur Geisterstunde erscheint, schon früher aufwacht, denn bis Mitternacht hätte es Madita nicht geschafft, wach zu bleiben.

»Hau ruhig ab«, sagte Abbe. »Noch ist es Zeit, denn es dauert bestimmt 'ne Weile, bis der Alte munter wird.«
Natürlich hat Madita Angst, so große Angst, daß sie zittert, aber wie soll sie denn je erfahren, ob sie hellsichtig ist, wenn sie jetzt nicht die Gelegenheit ergreift?
»Ich will ihn sehen«, murmelt sie. »Aber nur für einen ganz kleinen Augenblick.« ...

Den Rest verrate ich nicht. Wie es weitergeht, müssen Sie selbst lesen!

Die unschuldig schlimmen Kinder

Einer der Gründe, warum Astrid Lindgren lange Zeit (vorzugsweise bei Pädagogen) Anstoß erregte, war der Vorwurf, daß ihre Kinder *schlimme Kinder* seien. Dahinter steckt die Vorstellung, die viele Pädagogen selbst heute noch haben, daß eine gute Kindergeschichte stets eine »gute Lehre« vermitteln müßte. Astrid Lindgren nahm in einem Interview (ORF 1993) auch dazu Stellung; dabei argumentierte sie gar nicht mit dem uns naheliegenden Hinweis, daß Kinder schließlich nicht nur schlimm *sind,* sondern es bis zu einem bestimmten Grad auch *sein müssen* – sie sagte etwas ganz anderes. Sie sagte: »Das ist alles nicht wahr. Die Kinder meiner Geschichten sind alle *gute und brave Kinder!«* In diesem Satz spricht sie etwas ganz Wichtiges aus. Es handelt sich darum, daß die Streiche und Greueltaten der Kinder häufig ohne deren Absicht geschehen. Das Schlimmsein *passiert* einfach, zumindest so lange, als das Kind sich seine Lebendigkeit bewahrt hat. Wird man dann bestraft, macht das zunächst wütend. Dazu aber kann das Gefühl kommen, (wieder) versagt zu haben, es einfach nicht zu schaffen, so zu sein, wie es sich die Eltern wünschen.

Eines der Kinder Astrid Lindgrens, dem ein Streich nach dem anderen *passiert,* ist *Michel in der Suppenschüssel.* Seinen Namen hat er, weil er einmal seinen Kopf so tief in die Suppenschüssel tauchte, daß er steckenblieb. Nachdem der Arzt ihn befreit hatte, wollte er zu Hause zeigen, wie es passiert sei ... Jedenfalls steckte der Kopf abermals in der Schüssel. Und solche Sachen widerfahren dem Michel täglich, worauf er vom Vater in den Schuppen gesperrt wird, wo er ein Männchen schnitzt – jedesmal eines. Einmal sammelten die Bewohner von Lönneberga – dem Wohnort Michels und seiner Familie – Geld, um ihn weit weg nach Amerika zu schicken. Aber Michels Mama wurde daraufhin furchtbar böse, schleuderte das Geld aus dem Fenster und rief: »Michel ist ein netter kleiner Junge. Wir haben ihn lieb, so wie er ist!« (Wir sehen, auch Astrid Lindgrens Bücher enthalten »Lehren«, sie richten sich jedoch eher an die Eltern, aber davon später.)

> Vorhin habe ich schon erzählt, daß Lina (das ist die Magd, auch eine, die Michel nach Amerika schicken wollte; H. F.) nicht ohne den schrillenden Wecker wach zu bekommen war; aber an einem Morgen wurde sie jedenfalls durch etwas anderes geweckt. Es war am 27. Juli, gerade an dem Tag, als Michel Fieber hatte. Kann man sich so was Schreckliches vorstellen – schon um vier Uhr morgens wachte Lina auf, weil ihr eine große Maus genau über das Gesicht lief. Sie fuhr mit einem Aufschrei hoch und kriegte ein Holzscheit zu fassen, aber die Maus war schon in einem Loch neben der Holzkiste verschwunden.
> Michels Papa war außer sich, als er von der Maus hörte.
> »Das ist ja eine schöne Geschichte«, sagte er. »Mäuse in der Küche! Die können uns das Brot und das Fleisch auffressen.«
> »Und mich«, sagte Lina. »Ja, und dann unser Fleisch und unser Brot«, sagte Michels Papa. »Wir müssen die Katze diese Nacht in der Küche lassen!«
> Michel hörte das von der Maus, und obwohl er Fieber hatte, überlegte er sich

gleich, wie er sie fangen könnte, falls es mit der Katze nicht so ganz klappen sollte.

Um zehn Uhr am Abend dieses 27. Juli war Michel absolut fieberfrei und voller Tatendrang. Um diese Zeit schliefen all die anderen auf Katthult, Michels Papa, Michels Mama und Klein-Ida in der Kammer neben der Küche, Lina in ihrem Küchenbett und Alfred in seiner Knechtshütte neben dem Tischlerschuppen.

Schweine und Hühner schliefen im Schweine- und im Hühnerstall, Kühe und Pferde und Schafe schliefen draußen auf den grünen Wiesen – aber in der Küche saß die Katze hellwach und hatte Sehnsucht nach der Scheune, denn dort gab es mehr Mäuse.

Hellwach war auch Michel. Und aus seinem Bett in der Kammer kam er leise in die Küche geschlichen. »Armes Schnurrchen«, sagte er, als er die Katzenaugen hinten an der Küchentür leuchten sah, »hier sitzt du nun.«

»Miau«, antwortete Schnurrchen. Und tierfreundlich, wie er war, der kleine Michel, ließ er Schnurrchen hinaus.

Die Maus mußte natürlich gefangen werden, das war Michel klar, und weil die Katze jetzt nicht mehr da war, mußte es auf irgendeine andere Weise geschehen. Deshalb nahm Michel eine Mausefalle und stellte sie mit einem kleinen Stück Speck neben der Holzkiste auf. Dann aber dachte er nach. Wenn die Maus die Falle sah, sobald sie ihre Nase aus dem Loch steckte, würde sie mißtrauisch werden und sich überhaupt nicht mehr fangen lassen. Es wäre besser, dachte Michel, wenn die Maus erst einmal in aller Ruhe in der Küche herumstrolchen könnte und dann ganz plötzlich die Falle dort finden würde, wo sie sie am wenigsten vermutete. Michel dachte auch kurz daran, die Falle auf Linas Gesicht zu stellen, weil die Maus gerade dort gern herumlief. Aber er fürchtete, Lina könnte aufwachen und alles verpatzen. Nein, es mußte woanders sein. Warum eigentlich nicht unter dem großen Klapptisch? Gerade dorthin müßte doch eine Maus laufen, um nach heruntergefallenen Brotkrumen zu suchen. Natürlich nicht gerade unter dem Platz von Michels Papa, da war es nur mager mit Brotkrümeln bestellt.

»Wie schrecklich«, sagte Michel und blieb mitten in der Küche stehen. »Wenn die Maus nun mal ausgerechnet dorthin kommt und findet keine Brotkrümel und knabbert statt dessen an Papas großem Zeh!« Das durfte nicht geschehen, dafür würde Michel sorgen. Und deshalb stellte er die Mausefalle dorthin, wo sein Papa immer die Füße hinsetzte. Dann kroch er, sehr zufrieden mit sich, wieder ins Bett.

Erst am hellen Morgen wachte er auf, und es war ein lautes Geschrei aus der Küche, das ihn geweckt hatte. Die freuen sich, daß die Maus gefangen ist, deshalb schreien sie so, dachte Michel, aber in dem Augenblick kam seine Mama hereingestürzt. Sie zerrte ihn aus dem Bett und zischte ihm ins Ohr:

»Schnell raus mit dir in den Tischlerschuppen, bevor Papa seinen großen Zeh aus der Mausefalle rausbekommt! Schnell – sonst, glaube ich, hat deine letzte Stunde geschlagen.«

Ja, solches Pech geschieht dem Michel immer wieder. Zu Mittag kommt er wieder heraus, und als er seinen Papa mit eingebundenem Fuß sieht, tut er ihm furchtbar leid. An diesem Tag gibt es Blutwurstknödel zum Mittagessen...

Michel schämte sich und bereute seinen dummen Unfug mit der Mausefalle. Nun wollte er seinen Papa wieder froh machen, und weil er wußte, daß sein Papa Blutklöße über alles liebte, nahm er die Steingutschüssel und hielt sie aus dem Fenster.
»Guck mal«, schrie er jubelnd, »heute mittag gibt's Blutklöße!« Sein Papa nahm den Strohhut vom Gesicht und sah mit düsterem Blick zu Michel hoch. Noch hatte er die Mausefalle nicht vergessen, das merkte man. Um alles wiedergutzumachen, strengte Michel sich noch mehr an.
»Guck mal, Papa, so viel Teig!« jauchzte er und hielt die Schüssel noch weiter hinaus. Aber – kann man sich so was Schreckliches vorstellen? – er konnte sie nicht mehr halten, und die Steingutschüssel mit ihrem blutigen Inhalt fiel genau auf Michels Papa hinunter, wie er da lag, die Nase in der Luft.
»Blupp«, sagte Michels Papa, denn mehr kann man nicht sagen, wenn man in Blutklößeteig eingemauert ist.

Ja, so geht es immer weiter mit dem Michel, und ähnliches passiert vielen Lindgren-Kindern.

Eifersucht und Schadenfreude

Aber man muß Astrid Lindgren auch etwas Lügen strafen: Denn nicht immer sind ihre Kinder *nur* »gut«, und nicht immer passieren ihre Streiche und Taten so ganz absichtslos. Natürlich sind auch das keine *bösen* Kinder. Worum es vielmehr geht, ist, daß eben auch Eifersucht, Neid, Wut, Schadenfreude usw. – also die ganze Palette »niederer« Strebungen – zum Kind, zu uns Menschen gehört. Und daß es nicht darum geht, diese Regungen zu verhindern oder zu unterdrücken, sondern sie zu verstehen.

Da ist etwa *Peter*, der ein Geschwisterchen bekommt, das er sich sogar gewünscht hat. Es geht also um eines der größten Probleme des Kinderlebens. Dabei gibt es immer noch (gar nicht so wenige) Eltern, die der Illusion erliegen, sie könnten ein zweites Kind in die Welt setzen, ohne daß das erste eifersüchtig würde. Man stelle sich vor, eine Frau würde ihren Mann mit der Mitteilung überraschen: »Lieber Mann, ich habe einen anderen kennengelernt, den ich sehr liebe. Aber sorge dich nicht, ich liebe auch dich immer noch. Wir werden nur ab jetzt zu dritt leben!« Der Mann würde wohl den Koffer packen – seinen oder den seiner Frau –, aber das kann sich *das Kind* nicht leisten. Das Kind muß den Schmerz, den Thron verlassen zu müssen, ertragen, ebenso die Eifersucht, die Wut und die Kränkung. Sogar die liebe Nachbarin, die stets ein nettes Wort bereit hatte und es bewunderte, weil es schon wieder gewachsen war und so gescheit sei, übergeht es ab sofort, hat nur mehr Augen für den Kinderwagen und macht nur mehr »Tutututututu ...«, statt sich um das Große zu kümmern. Diese Verirrung der Eltern mag zum Teil auch damit zusammenhängen, daß sich viele Kinder (zunächst) ein Geschwisterchen wünschen. Aber natürlich macht es einen großen Unterschied, sich einen Bruder oder eine Schwester zu *wünschen* oder zu *haben*. Ganz abgesehen davon, daß sich die Kinder eher eine Art Spielpuppe vorgestellt hatten, während es sich bald als Quälgeist und Nebenbuhler entpuppt.

Auch Peter hatte sich ein Geschwisterchen gewünscht und prompt eines bekommen – die Mutter war nämlich schon schwanger gewesen. Dann kam es auf die Welt:

»Sie heißt Lena«, sagte Mama.
Lena konnte nicht laufen und nicht sprechen, bloß brüllen. Wenn sie schrie, kam Mama und nahm sie aus ihrem Bett und legte ihre Wange gegen Lenas Wange und sagte, sie sei das niedlichste Kind auf der ganzen Welt. Ja, außer Peter natürlich. Wenn Lena Hunger hatte, gab Mama ihr zu trinken. Jeden Abend wurde Lena in einer Wanne gebadet, und Papa und Peter schauten zu. Mama und Papa hatten Lena sehr, sehr lieb. Peter aber gar nicht. Peter hatte Lena gar nicht lieb, wenn er es sich richtig überlegte. Es machte überhaupt keinen Spaß, eine Schwester zu haben. Und es war doch wirklich komisch, daß Mama und Papa dieses Bündel lieb hatten, das bloß immer brüllte. Aber sie hatten es wirklich lieb, das war deutlich zu sehen. Vielleicht hatten sie Lena sogar lieber als Peter. Das schien Peter so. Und als ihm das einfiel, wurde er ganz furchtbar böse auf Lena.

Ich war schön dumm, als ich sagte, ich wollte Geschwister haben, dachte er. Warum habe ich mir nicht statt dessen lieber ein Dreirad bestellt!
Und er überlegte sich, ob er Lena nicht vielleicht gegen ein Dreirad umtauschen oder aber sie verkaufen und für das Geld ein Dreirad kaufen könnte. Es gibt aber sicher niemanden, der sie haben will, dachte er und haute Lena, die auf einer Decke auf dem Fußboden lag.
Da kam Mama und packte Peter fest am Arrn und sagte, er solle sich schämen, daß er das Schwesterchen schlage. Und nun wurde Peter noch wütender auf Lena und auf Mama auch, und er stieß mit den Füßen nach Mama. Er ärgerte sich. Aber er schämte sich auch ein wenig. Er wollte es aber nicht zeigen.
Lena schrie, und Peter meinte, es wäre gut, wenn man sie an einer Leine aus dem Fenster hängen könnte, damit man nicht mit anzuhören brauchte, wie sie brüllte.
Wenn Mama Lena im Arm hatte und ihr zu trinken gab, machte Peter immer so viel Unfug, wie er nur konnte. Bloß damit Mama gezwungen war, Lena beiseite zu legen und zu ihm zu laufen und nachzusehen, was er machte.
Einmal nahm er eine Schere und schnitt sich fast alle Haare ab, und ein andermal nahm er die Teekanne und schmiß sie auf den Fußboden, daß es nur so knallte. Da kam Mama angerast, und das war schön. Schließlich war sie ja zuallererst Peters Mutter gewesen und nicht Lenas.
Eines Tages war Peter ganz unglücklich. Er saß in einer Ecke und weinte, denn er glaubte, Mama und Papa hätten nur Lena lieb und ihn gar nicht. Da kam Mama zu ihm und zog ihn auf den Schoß und wiegte ihn hin und her, genauso wie sie es immer mit Lena machte. Und dann sagte sie: »Ich habe dich ganz furchtbar lieb, Peter. Zuerst hatte ich meinen kleinen Peter lieb, und jetzt habe ich meinen großen Peter lieb.« Da kuschelte Peter sich noch tiefer in Mamas Arme, und dann sagte er: »Lena ist wirklich dumm!« – »Lena ist nicht dumm«, sagte Mama. »Lena ist klein. Und kleine Kinder machen sehr viel Mühe.« – »Jaaa«, sagte Peter.

Schließlich gibt die Mama Peter die Gelegenheit, seine Eifersucht in Fürsorge zu kompensieren, was möglich ist, weil ihm das zugleich ein Gefühl der Überlegenheit gibt. Psychoanalytisch ausgedrückt könnte man vielleicht sagen, Peter habe seine Eifersucht und Aggression *sublimieren* können.

Um Geschwisterrivalitäten geht es auch oft bei den Kindern aus der »Krachmacherstraße«, deren jüngstes Lotta ist, die wir ja schon kennen. Köstlich sind die Berichte von Lottas älterer Schwester

Mia-Maria, die erzählt, wie sie und Jonas, der große Bruder, stets versuchen, Lotta »liebevoll« in ihre Spiele einzubeziehen. So darf Lotta zum Beispiel einen Seeräuber spielen, der sich lautlos unter dem Bett verbirgt. Oder sie spielen Schutzengel, und Lotta ist das Kind, das im Bett liegt und von den umherfliegenden Engeln beschützt wird. Oder sie spielen Spital, und Lotta ist das kranke Kind, das still im Bett liegen muß . . .

Aber auch Lotta steht nicht zurück, ihre ambivalenten Gefühle zu zeigen. Da wurde einmal ein Ausflug unternommen, und Jonas fiel ins eiskalte Wasser, war ganz naß und holte sich einen Schnupfen. Aber das Schlimmste kam noch. Als sie nach Hause fahren wollten, war Lottas Teddy, der rosa Schweinsteddy – der Leser/die Leserin erinnert sich – plötzlich verschwunden. Es ist bekannt, daß der Verlust der Lieblingspuppe, des Lieblingstieres für kleine Kinder eine wirkliche Katastrophe sein kann, weil es (unbewußt) die (im Gegensatz zur wirklichen) stets verfügbare Mutter repräsentiert. Diese Rolle eines »Übergangsobjekts«, wie Winnicott (1971, 10ff.) es nennt, kann auch eine alte Windel, ein Taschentuch u. a. m. einnehmen. Endlich wurde aber der Schweinsteddy wieder gefunden, sie fuhren nach Hause, und der Tag hatte ein glückliches Ende gefunden:

> Mama und Papa kamen abends ins Kinderzimmer, um uns gute Nacht zu sagen, wie immer am Abend. Und Papa stellte sich an Lottas Bett. Da lag sie mit ihrem schmutzigen Teddy neben sich. »Na, Lotta«, sagte Papa, »was war denn nun das Schönste vom ganzen Tag? Das war doch sicher, als wir den Teddy gefunden haben?«
>
> »Nee, das Schönste war, als Jonas in den See gefallen ist«, sagte Lotta.

Pippi Langstrumpf

Schließlich noch ein paar Worte zu *Pippi*, an der man einfach nicht vorbeigehen kann, wenn man über Astrid Lindgren schreibt. Da Pippi Langstrumpf so populär ist, brauche ich auch nicht so viel über sie und ihre Geschichte erzählen und kann mich auf ein paar Wesentlichkeiten beschränken.

In der Person Pippis vereinigt sich so viel, was der Phantasie der Kinder lieb und teuer ist: das traurige Schicksal des Waisenkindes; auf der anderen Seite die traumhaften Vorteile der völligen Unabhängigkeit: keine Mama zu haben, die sagt, wann man ins Bett gehen muß; niemand, der einen ermahnt, was sich gehört oder nicht, der einen in die Schule schickt oder sonstwelche Vorschriften macht; jenseits aller gesellschaftlichen Konventionen leben zu können, sogar mit einem Affen und einem richtigen Pferd als Hausbewohner; schließlich Macht und Stärke zu haben: Pippi ist ja bekanntlich unglaublich stark, vermag selbst ihr Pferd in die Höhe zu heben und natürlich jeden Dieb oder sonstigen Bösewicht zu vertreiben und zu besiegen.

Doch all das ist nicht das einzige, was die Wirkung von *Pippi Langstrumpf* auf die Kinder ausmacht. Genauso wichtig wie die Figur der Pippi sind ihre beiden Freunde Thomas und Annika, von denen jene, die mit *Pippi Langstrumpf* nicht so vertraut sind, vielleicht gar nichts wissen. Aber selbst wenn man *Pippi Langstrumpf* gut kennt, scheinen die beiden eine eher unbedeutende Nebenrolle zu spielen. Es handelt sich bei Thomas und Annika um die Nachbarskinder von Pippi. Und sie sind ganz brave, gesittete, ordentliche, angepaßte Durchschnittskinder. Als solche aber sind sie – psychologisch gesehen – für das, was die Figur der Pippi den kleinen Lesern bedeuten kann, von entscheidender Wichtigkeit.

Thomas und Annika sichern, daß die Kinder angesichts der Unabhängigkeit Pippis (die zugleich Fehlen von Geborgenheit und erlebter Liebe ist), angesichts ihrer Frechheit, Stärke und Macht (die zugleich Ablehnung von seiten der anderen und Einsamkeit einbringt) nicht verzagen müssen. Denn in Pippi begegnen ihnen ihre Träume und narzißtischen Phantasien, in Thomas und Annika dagegen ihre eigene Lebensrealität – und zwar sowohl was die äußeren Lebensumstände als auch die eigene Schwäche und Bedürftigkeit betrifft. Ja, selbst im Hinblick auf die eigenen hochfahrenden Zukunftspläne ist das Leben Pippis in hohem Maße ambivalent. Denn irgendwann einmal wollen die Kinder doch auch groß sein, schreiben, lesen und rechnen können und einen schönen Beruf haben. Das »historische Element«, das in den Märchen und vielen Kindergeschichten den Kindern erlaubt, über die Beschränktheit ihrer Gegenwart hinauszublicken (s. S. 61), fehlt in Astrid Lindgrens *Pippi Langstrumpf*. Diese Funktion wird vielmehr dadurch erreicht, daß den Kindern mit Thomas und Annika auf der einen und Pippi auf der anderen Seite völlig konträre, polare Identifizierungsobjekte zur Verfügung gestellt werden: Erst dadurch, daß die Kinder aus ihrer Identifizierung mit Pippi stets und immer wieder zur Identifizierung mit Thomas und Annika »zurückkehren« können, kommen sie überhaupt in die Lage, sich unerschrocken den Träumen hingeben zu können, die durch Pippi repräsentiert werden.

Schluß

Der Leser/die Leserin wird sich denken können, daß die Abfassung dieser Arbeit – und das hieß vor allem: Astrid Lindgrens Geschichten (wieder) zu lesen – für mich sehr lustvoll war. Weshalb ich ihn/sie anregen möchte, es mir gleichzutun. Und zwar nicht nur der Freude wegen und schon gar nicht aus »intellektuellem Interesse an guter Kinderliteratur« heraus. Zwar habe ich die ganze Zeit von der Bedeutung guter Kinderliteratur für die Psyche der Kinder geschrieben. Darüber hinaus glaube ich aber, daß diese Kinderbücher im Grunde die besten pädagogischen Ratgeber für Eltern und Erzieher sind: Wenn es Kindergeschichten gelingt, die Kinder in entängstigender Weise mit ihren seelischen Regungen und Konflikten zu konfrontieren, so kann eben das auch bei erwachsenen Lesern passieren. Diese Geschichten können für die Erwachsenen eine Art *Übergangsraum* (im Sinne Winnicotts) eröffnen, in welchem sie sich mit den kindlichen Gefühlen, Ängsten und Triebstrebungen konfrontieren können, ohne unmittelbar real betroffen zu sein, weshalb diese Strebungen auch nicht sofort abgewehrt werden müssen. Das mag ihnen ermöglichen, sich mit Zügen der Kinder identifizieren zu können, die sie im Alltag mit eigenen Kindern entweder gar nicht bemerken würden oder unterdrücken müßten. Damit wäre aber ein wichtiger Weg zu besserem Verstehen der Kinder gewiesen, ein Weg, der (ein Stück wenigstens) um die infantile Amnesie herumführt.

Beschließen soll diese Arbeit aber unsere kleine Lotta. Wir befinden uns zwei Jahre vor ihrem dramatischen Umzug zu Tante Berg, Lotta ist gerade drei Jahre alt. Erzählt wird die Geschichte von ihrer Schwester Mia-Maria. Übertiteln möchte ich diese Geschichte mit einem weiteren Problem, das im Zusammenleben zwischen Kindern und Erwachsenen immer wieder eine Rolle spielt. Ich will es *Sprachverwirrung* nennen.

> Lotta ist böse, weil sie nicht so groß ist wie Jonas und ich. Jonas und ich dürfen ganz allein bis zum Marktplatz gehen, aber Lotta darf das nicht. Jonas und ich gehen samstags auf den Markt und kaufen Bonbons bei den Marktfrauen, die dort stehen. Aber wir bringen Lotta auch Bonbons mit; das müssen wir nämlich.
> Einmal an einem Samstag regnete es so furchtbar, daß wir fast nicht auf den Markt gehen konnten. Aber wir nahmen Papas großen Regenschirm und gingen trotzdem, und wir kauften uns rote Bonbons. Als wir nach Hause gingen, da gingen wir unterm Regenschirm und aßen Bonbons, und das machte Spaß. Aber Lotta konnte nicht einmal auf den Hof rausgehen, nur weil es so furchtbar regnete. »Wozu muß es regnen?« fragte Lotta. »Damit Korn und Kartoffel wachsen können und wir was zu essen bekommen«, sagte Mama. »Wozu muß es denn auf dem Markt regnen?« fragte Jonas. »Ist es wegen der Bonbons, damit die wachsen können?« Da hat Mama nur gelacht. Als wir abends im Bett waren, sagte Jonas zu mir:
> »Du, Mia-Maria, wenn wir zu Großvater und Großmutter fahren, dann wollen wir nicht Mohrrüben auf unser Gartenbeet säen, sondern Bonbons, das ist viel besser.«
> »Ja, obwohl Mohrrüben besser für die Zähne sind«, sagte ich. »Aber wir können sie mit meiner kleinen grünen Gießkanne begießen, die Bonbons, meine ich.« Ich wurde so vergnügt, als mir meine kleine grüne Gießkanne einfiel, die ich bei Großvater und Großmutter auf dem Lande habe. Sie steht auf einem Wandbrett im Keller. Wir sind immer bei Großvater und Großmutter, wenn Sommer ist. Könnt ihr raten, was Lotta einmal bei Großvater und Großmutter auf dem Lande gemacht hat?
> Hinter der Scheune ist ein großer Dunghaufen, wo Onkel Johannson Dung holt und ihn aufs Feld streut, damit alles gut wachsen kann.
> »Wozu muß man Dung haben?« fragte Lotta. Und da sagte Papa, alles wächst

so gut, wenn Dung drauf kommt. »Und Regen muß auch kommen«, sagte Lotta, denn ihr fiel wohl ein, was Mama gesagt hatte, als es an dem Samstag neulich regnete. »Ganz recht«, sagte Papa.
Nachmittags fing es an zu regnen. »Hat einer von euch Lotta gesehen?« fragte Papa. Aber wir hatten Lotta eine ganze Weile nicht gesehen, und wir gingen los und suchten sie. Erst suchten wir überall drinnen im Haus und in allen Wandschränken, aber da war keine Lotta. Und Papa wurde unruhig – er hatte nämlich Mama versprochen, auf sie aufzupassen. Schließlich gingen wir raus und suchten, Jonas und Papa und ich, in der Scheune und auf dem Heuboden und überall. Aber dann gingen wir hinter die Scheune, und stellt euch vor, da stand Lotta mitten im Regen und mitten auf dem Dunghaufen, und sie war durch und durch naß.
»Aber liebe kleine Lotta, warum stehst du denn da?« fragte Papa. Da weinte Lotta und sagte: »Weil ich wachsen will und so groß werden will wie Jonas und Mia-Maria!«
Oh, wie ist sie doch noch klein und dumm, die Lotta!

Literatur

Im Text zitierte Bücher von Astrid Lindgren (alle Friedrich Oetinger Verlag, Hamburg):

Mio, mein Mio
Lotta zieht um
Madita
Michel in der Suppenschüssel
Ich will auch Geschwister haben
Die Kinder aus der Krachmacherstraße
Pippi Langstrumpf

FIGDOR, H. (1991): *Kinder aus geschiedenen Ehen. Zwischen Trauma und Hoffnung.* Grünewald, Mainz. 4. Aufl. 1994

FREUD, S. (1905): *Drei Abhandlungen zur Sexualtheorie.* In: Gesammelte Werke. Band V. Fischer, Frankfurt/M. 1960

SPITZ, R. (1965): *Vom Säugling zum Kleinkind.* Klett, Stuttgart

WINNICOTT, D. W. (1971): *Vom Spiel zur Kreativität.* Klett-Cotta, Stuttgart

Pinocchio – vom hölzernen Bengele zum lebendigen Kind

Von SYLVIA ZWETTLER-OTTE

»Hier schicke ich dir diese Kinderei, mach' damit, was du willst, aber wenn du sie druckst, dann bezahle sie mir gut, damit ich Lust bekomme, sie fortzusetzen.« Mit diesem Begleitbrief schickte der Journalist Carlo Lorenzini (zit. nach Eichhorn 1968, 275), der seit der Veröffentlichung seiner politischen Streitschrift unter dem Pseudonym Carlo Collodi in Florenz bekannt geworden war, im Jahre 1881 die ersten Kapitel der »storia di un burattino« an seinen Freund Guido Biagi, der zusammen mit Ferdinando Martini die Kinderzeitschrift »Il giornale dei Bambini« herausgab. Die beiden hatten die besten Schriftsteller der damaligen Zeit zur Mitarbeit eingeladen.

Als am 7. Juli 1881 die erste Folge erschien, hätte wohl niemand zu träumen gewagt, daß diese Geschichte 100 Jahre später als Welterfolg mit über sechs Millionen Gesamtauflage, Übersetzungen in über 80 Sprachen (einschließlich Chinesisch, Latein und Esperanto) und mehr als 400 Film- und Fernsehbearbeitungen gefeiert würde. 1981 wurde der Held der Geschichte, Pinocchio, als »eine Art Nationalheros« (Sahr 1989, 81) zum Mittelpunkt der Hundertjahrfeier, dargestellt als überlebensgroße Holzpuppe nach dem Entwurf des ersten Illustrators Enrico Mazzanti. In Florenz gab es zwei Ausstellungen (eine präsentierte 250 Originalzeichnungen von 23 Illustratoren Pinocchios, die andere widmete sich Collodi als Journalist und Schriftsteller). In Florenz, in dem kleinen Ort Collodi (dem Geburtsort der Mutter des Dichters, nach dem er sich benannt hatte) und in der nahegelegenen Stadt Pescia wurden großartige Kinderfeste mit Marionetten und einem riesigen Ringelspiel veranstaltet; auf dem Arno ließ ein großer Hai Kinder durch seinen Rachen in sein Inneres kriechen, wo die mutigen kleinen Abenteurer von Pinocchios Vater Gepetto begrüßt wurden. Viele Relikte der großen Festivitäten reisten später für Ausstellungen um die ganze Welt.

Collodis Pinocchio hat keineswegs »nur« als Kinderbuch weltweit Anerkennung gefunden. Glauco Cambon von der University of Connecticut stellte Pinocchios Einfluß dem von Dantes *Divina Commedia* und Manzonis Novelle *I promessi sposi* an die Seite. Aber auch die berühmten Kriminalromanautoren Carlo Fruttero und Franco Lucentini lassen Pinocchio nicht als Kinderliteratur einen zweitrangigen Platz einnehmen: »è un capolavoro non della ›letteratura per ragazzi‹, ma della letteratura e basta.« (Collodi, 1990,13)

Zunächst zur Erinnerung den Inhalt in groben Zügen:

Collodi beginnt seine Geschichte mit der Aufhebung einer Illusion: »C'era una volta ... Es war einmal«, und wenn die kleinen Leser nun ein Märchen von einem König erwarten, werden sie enttäuscht: von einem »semplice pezzo di legno« – einem einfachen Stück Holz wird die Rede sein, und damit von einem Stück Realität, das jedem Kind aus dem Alltag vertraut ist.

Der Tischlermeister Antonio hat es in seiner Werkstatt entdeckt und seinem Freund Gepetto geschenkt, weil er Angst bekommen hatte, als das Holzstück bei der Bearbeitung jammerte und weinte wie ein kleines Kind. Gepetto will sich daraus einen »burattino«, einen Hampelmann, schnitzen, um ihm tanzen, fechten und Purzelbäume schlagen beizubringen und mit ihm um die Welt zu reisen und sich Brot und Wein zu verdienen. Doch kaum hat Gepetto begonnen und bereits den Namen Pinocchio gewählt, gibt es Ärger: Pinocchio glotzt ihn blöd an, macht ihm eine lange Nase, reißt ihm die Perücke vom Kopf und läuft ihm schließlich davon, sobald Gepetto ihn die ersten Schritte gelehrt hat. Ein Karabiniere fängt ihn zwar, sperrt aber dann Gepetto ein, und Pinocchio entkommt.

Daheim ärgert er sich über die Belehrungen der sprechenden Grille, die sie ihm als »gran verità« vorträgt, und erschlägt sie. Da er weder aus dem bloß an die Wand gemalten Topf noch mit einem dem Ei entschlüpfenden Küken seinen Hunger stillen kann, läuft er in einer schaurigen Gewitternacht wieder hinaus, um zu betteln, wird aber wegen nächtlicher Ruhestörung mit einem Kübel Wasser begossen. Daheim will er sich aufwärmen, legt die Beine auf ein Kohlebecken und wacht mit verkohlten Füßen auf. Gepetto kehrt aus dem Gefängnis heim, gibt Pinocchio sein eigenes Frühstück, drei Birnen; Pinocchio will sie ohne Schale und Kerngehäuse essen, doch Gepetto warnt ihn: Aus Hunger müsse man alles essen, man wüßte ja nie: »I casi son tanti!« (Collodi 1990, 47)

Gepetto schnitzt seinem mißratenen Sohn neue Füße, aus Dank ist Pinocchio nun bereit, zur Schule zu gehen, er bekommt ein Gewand und fühlt sich wie ein Herr. Um ihn auch mit einem Schulbuch ausstatten zu können, muß Gepetto zuerst seinen Kittel verkaufen. Das Buch aber tauscht Pinocchio gleich auf dem Schulweg gegen eine Eintrittskarte ins Marionettentheater aus und wird dort vom Harlekin auf der Bühne als Bruder stürmisch begrüßt. Das freilich mißfällt dem Puppenspieler Feuerfresser. Er will Pinocchio als Brennholz für seine Mahlzeit verwenden. Pinocchio überhäuft ihn mit Ehrentiteln, und deshalb soll statt ihm der Harlekin geopfert werden, was Pinocchio nicht zuläßt. Gerührt verzichtet der Feuerfresser auf sein Nachtmahl und schenkt Pinocchio sogar noch fünf Goldmünzen für seinen Vater; seine Mutter – sagt Pinocchio – habe er nie gekannt.

Auf dem Heimweg trifft Pinocchio einen Fuchs und eine Katze, ein seltsames Betrügerpaar, das ihn überredet, die Goldmünzen auf einem Wunderfeld einzugraben, damit darauf ein Baum mit unzähligen Münzen wachse. Trotz der Warnungen einer weißen Amsel und des Schattens der sprechenden Grille fällt Pinocchio auf den Betrug herein, kann aber dann doch noch seine Münzen ausgraben und damit fliehen. Seine nahezu endlose Flucht führt ihn schließlich zu einem Häuschen, an dessen Tür er verzweifelt mit dem Kopf schlägt. Endlich öffnet ein schönes Mädchen mit blauem Haar – »una bella bambina coi capelli turcchini« (Collodi 1990, 82) – das Fenster, doch nur um ihm zu erklären, daß ihm hier niemand öffnen könne, alle wären hier tot, auch sie selbst. Deshalb entkommt er den beiden Betrügern nicht, und sie hängen ihn an einer Eiche auf, wo er nach heftigen Zuckungen stocksteif wie tot hängen bleibt.

An dieser Stelle schrieb Collodi »Fine«; erst heftige Proteste der jungen Leser brachten ihn schließlich dazu, noch weitere 21 Kapitel zu schreiben.

Das schöne Mädchen entpuppt sich nun als gütige Fee, die Pinocchio rettet und gesund pflegt. Wenn Pinocchio allerdings lügt, bestraft sie ihn und läßt ihm eine lange Nase wachsen. Angesichts seiner Reue verzeiht sie ihm und bietet ihm an, sein Schwesterchen zu sein, wenn er bei ihr bleiben will. Auch der Vater Gepetto soll kommen. Pinocchio geht ihm entgegen, doch trifft er wiederum das betrügerische Paar Fuchs und Katze und läßt sich ein zweites Mal verleiten, die Goldmünzen auf dem Wunderfeld zu vergraben, um reich zu werden. Als er erkennen muß, daß er abermals betrogen worden ist, bringt er seinen Fall vor Gericht – und wird von dem wohlwollenden Richter, einem betagten Gorilla, ins Gefängnis gesteckt. Aufgrund einer allgemeinen Begnadigung werden alle Gauner befreit; erstmals durchschaut Pinocchio die herrschende Unvernunft und verlangt erfolgreich seine Freilassung mit der Begründung, er sei schließlich auch ein Gauner.

Auf dem Heimweg versperrt ihm ein schlangenförmiges Ungetüm den Weg; es zerplatzt aber, weil es sich über einen Sturz Pinocchios totlacht. Beim Versuch, seinen Hunger mit ein paar Weintrauben zu stillen, gerät er in ein Fangeisen und wird von dem Bauern als Ersatz für den eben verstorbenen Wachhund angekettet. Pinocchio läßt sich nicht wie dieser von den Steinmardern, die Hühner stehlen wollen wie bisher, bestechen und erhält dafür vom Bauern wieder die Freiheit.

Als er endlich heimgekehrt ist, findet er statt des Häuschens einen Grabstein, auf dem steht, daß das Mädchen mit den blauen Haaren aus Schmerz darüber, daß sein Brüderchen Pinocchio es verlassen hat, gestorben ist. Pinocchio ist untröstlich, wird aber von einer großen Taube geholt, die ihn ans Meer bringt. Dort droht sein Vater gerade auf der Suche nach ihm in einem kleinen Boot unterzugehen. Pinocchio stürzt sich ins Meer, um ihn zu retten. Doch er strandet auf der Insel der fleißigen Bienen.

Anfangs ist er nicht bereit, sich sein Brot durch Arbeit zu verdienen, doch eine freundliche junge Frau bringt ihn doch dazu, und er erkennt in ihr die gütige Fee. Er wundert sich, wie sie so rasch vom Mädchen zur Frau geworden ist, und fühlt sich durch ihr Geheimnis bestärkt in seinem Wunsch, erwachsen zu werden. Deshalb besucht er nun auch die Schule mit solchem Eifer, daß er von den Kameraden als Streber angefeindet wird. Bei einer Rauferei wird ein Knabe schwer verletzt und Pinocchio zu Unrecht festgenommen. Doch er kann fliehen und rettet sogar den Hund, der auf ihn gehetzt worden ist, vor dem Ertrinken. Dafür revanchiert sich dieser gleich, indem er den Fischer bedroht, der Pinocchio als seltsamen Fisch zubereiten will.

Endlich ist Pinocchio wieder vor dem Haus der Fee, doch sie will nicht gestört werden und läßt ihn endlos im Regen stehen, bevor sie ihm sein Weglaufen wieder verzeiht und ihm verspricht, daß er morgen kein Hampelmann, sondern ein braver Bub sein würde.

Hier weichen die deutschen wie die englischen Übersetzungen stark vom Original ab: Sie geben »ragazzo perbene« nicht mit »brav«, sondern mit »wirklich«, »richtig«, »real« wieder – ein wirklicher Junge ist aber gewöhnlich gerade das Gegenteil von einem sehr braven, sehr angepaßten Knaben!

Pinocchio darf zur Feier dieses Ereignisses andere Kinder einladen und läßt sich von seinem besten Freund verleiten, mit ihm ins Spielzeugland zu fahren, wo ihnen nach einigen Monaten Eselsohren wachsen. Pinocchio wird an einen Zirkusdirektor verkauft. Bei der Galavorstellung entdeckt er in einer Loge eine schöne Dame, die sein Bild um den Hals trägt; es ist die Fee, die gleich wieder verschwindet. Pinocchio stürzt und wird vom Zirkusdirektor an einen Mann verkauft, der aus Pinocchios Eselsfell eine neue Bespannung für seine Trommel machen will. Wiederum verhilft ihm die Fee zur Rettung, doch als Pinocchio davonschwimmt, sind ihre Warnungen – sie erscheint diesmal in Gestalt einer blauen Ziege – vergeblich: Er wird vom Hai verschluckt. In dessen Innern aber findet er seinen Vater und kann sich und ihn schließlich aus dem Rachen des Haies retten.

Das nochmals auftauchende Betrügerpaar Fuchs und Katze jagt er davon. Sein Freund stirbt als Esel. Pinocchio will sich als »gran signor« neu einkleiden, schickt aber dann doch das Geld der Fee, weil er hört, sie wäre krank. Daraufhin erscheint sie ihm lächelnd und wunderschön im Traum. Als er erwacht, ist er ein »ragazzino perbene« (Collodi 1990, 232).

Die frühen deutschen Pinocchio-Übersetzungen heben gewöhnlich im Vorwort den hohen pädagogischen Wert der Geschichte hervor: Sie führe den Kindern auf anschaulichste Weise die praktische Moral vor Augen, daß man den Erwachsenen gehorchen, sie lieben und ehren, alles brav essen, in die Schule gehen und fleißig sein müsse, und daß man vor allem nicht lügen dürfe, sonst wäre man eben nur ein unglückseliger Hampelmann, der von einem lebensbedrohlichen Unglück ins nächste stürzt.

In einer Ausgabe von 1923 z. B. wendet sich der Übersetzer und Herausgeber Franz Latterer direkt an sein junges Leserpublikum: »Kinder, wenn ihr ein Buch aufschlagt und darin ein Vorwort findet, müßt ihr es immer lesen.« Und er fordert sie auf: »Denkt immer an Hölzele, wenn ihr etwas anstellen wollt, und denkt daran, daß ihm seine Streiche und seine Unfolgsamkeit auch immer etwas eingetragen haben, was er lieber nicht hätte haben wollen.« Er unterzeichnet mit »(Euer) Onkel Franz« (Latterer 1923, 1).

So preisen jene frühen Editionen gerade den pädagogischen Gehalt, der in den letzten Jahren häufig verpönt war. Christa Huscha z. B. vertritt in ihrem Buch *Struwwelpeter und Krümelmonster* (1977) die Auffassung, daß Kinder von Pinocchio nur lernen, sich schuldig zu fühlen, und daß die unterdrückende Erwachsenenmoral den Kindern »nie schmackhafter« gemacht worden wäre (Sahr 1989, 81). Es ist wohl der vorbewußten Wortwahl zuzuschreiben, daß damit bereits der orale Lustgewinn in den Vordergrund gerückt wird.

Zwischen diesen beiden extremen Einstellungen – hier die Anerkennung als Wegweiser für junge Leute, dort die Ablehnung als Disziplinierungsinstrument – stehen jene zahlreichen Kritiken, die sehr deutlich das Vergnügen der Kinder an den »Schlimmheiten« Pinocchios spüren, aber es für legitim erachten, solange es letztlich doch der Erreichung der pädagogischen Ziele nützt. So spricht etwa Alfred Adler (eine irreführende Namensgleichheit mit dem Individualpsychologen!) von der »Schokoladentunke für die fade Pille der Moral« (Adler 1970, 9). D.h. Collodis junges Leserpublikum hätte Pinocchios Abenteuer nicht gelesen (nicht so begeistert »verschlungen«), wenn die Identifizierung mit diesem Helden nicht äußerst lustvoll gewesen wäre. Das erkannte schon 1913 der Rektor Anton Grumann, der damals im Vorwort zur dritten Pinocchio-Übersetzung schrieb: »Nenne einem italienischen Kinde Pinocchio, und seine dunklen Augen schauen zu dir empor im leuchtenden Glanz der Freude, hast du ihm doch den Namen eines Freundes ausgesprochen.« (Collodi 1965, V).

Malte Dahrendorf stellt 1979 fest: »In der Figur des Pinocchio tobt sich die ›Sünde‹ munter, farbenprächtig, ja fast verlockend aus« (zit. nach Sahr 1989); seine Nicht-Angepaßtheit macht Pinocchio attraktiv, er habe »fast etwas Subversives« (Dahrendorf 1986). Ähnlich meinte schon 1964 Santucci: »Pinocchio erscheint und schickt die pädagogischen Musterkinder... in die Sommerfrische« (zit. nach Sahr 1989, 87).

Wenn also Collodi nach der Meinung vieler Pädagogen auch auf »zu deutliche moralisierende Fingerzeige« (Paul Hazard) verzichtete, so glaubte man doch an sein »handfestes pädagogisches Anliegen« zu zeigen, daß ein Leben ohne Erziehung und Ordnung ins Chaos und zu frühem Leid führe (Sahr 1989, 84); er sähe die Heranwachsenden als Mitgestalter eines endlich geeinigten, neuen und möglichst fortschrittlichen Italiens (S. 86).

Auch in der englischen Sekundärliteratur zu Pinocchio scheint man sich nicht recht festlegen zu wollen, ob Collodi dem Didaktizismus in der italienischen Kinderliteratur tatsächlich mit der Geburt seines Klassikers den Todesstoß (the final blow) gab, oder ob er auf geniale Weise die Maske der Komödie entlehnte, um das Antlitz des Didaktizismus zu bedecken (... covered the face of didacticism; Heins 1982, 200).

Wenn man sich aber wie Alfred Adler im klaren ist, »daß nur ein schmaler Streifen von allem, was (die Jungen) lernen und gelernt haben, bewußt gelehrt und gelernt worden ist« (1970, 9), verlieren die Fragen der Pädagogik und Moral an Bedeutung.

Konnten schon die Experten der Kinder- und Jugendliteratur den *Lustaspekt* nicht übersehen, so wird diesem für eine psychoanalytische Betrachtung zweifellos eine besondere Rolle zukommen.

Dem Aspekt der psychischen Entwicklung Pinocchios wird in der gesamten Sekundärliteratur nur wenig Beachtung geschenkt; er wird höchstens als Lernprozeß definiert. Die einzige psychoanalytische Arbeit zu Pinocchio, die ich finden konnte, stammt von dem amerikanischen Psychoanalytiker Willard Gaylin; er deutet in seinem Buch *Adam and Eve and Pinocchio* an, welche Veränderungen Pinocchio im Hinblick auf seine Abhängigkeit, seine Arbeitshaltung, sein Gewissen und seine Liebesfähigkeit durchmacht. Natürlich könnte man in ähnlicher Weise die einzelnen Entwicklungslinien verfolgen, etwa wie sie Anna Freud beschrieben hat. Ich möchte die *Entwicklung vom Lustprinzip zum Realitätsprinzip* und *von der Imitation zur Identifizierung* herausgreifen.

Pinocchio ist zunächst ein Stück Holz, ein Stück Natur, das noch nicht bearbeitet und sozialisiert ist. Die Aufgabe der Erziehung, die sich Gepetto stellt, besteht eigentlich darin, ihn aus diesem Rohzustand herauszubringen. Und so, wie alle Eltern und Erzieher bei diesem Unterfangen auf größte innere und äußere Schwierigkeiten stoßen müssen, droht auch Gepetto von Anfang an daran zu scheitern. Der italienische Psychoanalytiker Eugenio Gaddini greift in seinem Buch *A Psychoanalytic Theory of Infantile Experience* eine von Freuds letzten Hypothesen auf, die dieser laut Jones nur im privaten Kreis erörterte, die aber recht überzeugend ist: Es geht dabei um die triebökonomische Situation am Lebensbeginn, und Freud war der Auffassung, daß zum Zeitpunkt der Geburt die gesamte libidinöse Besetzung nach innen gerichtet ist, während sich die aggressive Besetzung nach außen richtet. Im Gegensatz zu früheren Annahmen beinhalten demnach die ersten Triebäußerungen nicht libidinöse oder undifferenzierte Energie, sondern aggressive.

Sie zielen auf sofortige Befriedigung, da Aufschub noch nicht ausgehalten wird. Diese von Geburt an wirksame Aggressivität tritt uns bei Pinocchio sehr deutlich vor Augen. Sie bringt Gepetto zur Verzweiflung: »Schlingel von einem Sohn, noch bist du nicht einmal ganz fertig, und schon fehlt dir die Achtung vor deinem Vater! Schlimm, mein Junge, sehr schlimm!« Und er fügt hinzu: »Geschieht mir recht, ich hätte eher daran denken müssen. Jetzt ist es zu spät!« – »Birba d'un figliolo! Non sei ancora finito di fare, e già cominci a mancare di respetto a tuo padre! Male, ragazzo mio, male! – Dovevo pensarci prima! Oramai è tardi!« (Collodi 1990, 31)

Hier zeigt sich die große Hilflosigkeit, die Eltern empfinden können und die bei Gepetto während der ganzen Geschichte eine dominierende Eigenschaft bleibt. Pinocchio tut, wozu er Lust hat: Er nimmt seinem Vater die Perücke vom Kopf, läuft davon, sobald er laufen kann, er erschlägt die Grille, stiehlt Weintrauben – und vor allem: Er vermeidet strikt jegliche Unlust, was ihn von vornherein eine ablehnende Haltung gegenüber der Schule und jeder Arbeit einnehmen läßt. Er formuliert sein Ausleben des Lustprinzips deutlich: »Was mich betrifft, habe ich, ganz im Vertrauen, nicht die geringste Lust zum Lernen. Viel besser gefällt mir, den Schmetterlingen nachzulaufen und auf die Bäume zu klettern, um die kleinen Vögel aus den Nestem zu holen ... Essen, trinken, schlafen, vergnügt sein und von morgens bis abends ein Vagabundenleben führen.« Er *schlägt* nicht bloß die Ermahnungen der Grille (»Wehe den Kindern, die sich gegen ihre Eltern auflehnen«) in den Wind, sondern er *erschlägt* auch diese erste Repräsentantin seines Gewissens.

Als er bei seinem ersten Versuch, in die Schule zu gehen, Flötenklänge und Paukenmusik vernimmt, fällt ihm die Entscheidung gegen den Schul- und für den Theaterbesuch nicht schwer. Aber im Lauf der Zeit werden ähnliche Verlockungen zu immer stärkeren *Konflikten*, bis er schließlich stundenlang zögert, seinem faulen Freund ins Spielzeugland zu folgen. Es ist dies zu dem Zeitpunkt, da er nach den vielen Irrfahrten seiner Abenteuer bereits knapp vor dem Ziel steht: Morgen – so hat ihm die gute Fee versprochen – soll er zum »ragazzo perbene« werden und zur Feier des Tages seine Kameraden einladen. Zunächst scheint die Beschreibung des wunderbaren Landes, in dem es weder Schulen noch Lehrer noch Bücher gibt, Pinocchio bloß zu interessieren; er widersteht auch den Verführungsversuchen seines Freundes, daß er die Fee doch schimpfen und sich Sorgen machen lassen soll, bis er nach langem verzweifelten Ringen die Worte seines Freundes ganz zu seinen eigenen gemacht hat: »Ich werde sie schimpfen lassen!« Dieser schwer errungene, scheinbar endgültige Sieg des Lustprinzips wird durch die Verwandlung in einen Esel zunichte gemacht: Pinocchio ist nun weiter als je von seinem Ziel, ein »ragazzo perbene« zu werden, entfernt. Den verführerischen Freund, gleichsam ein Spiegelbild von Pinocchio, sehen wir im letzten Kapitel elend als Esel zugrunde gehen.

Die Fähigkeit zur Realitätsprüfung fehlt Pinocchio am Anfang nicht völlig, er weiß z. B. besser als Gepetto, daß er ein Schulbuch braucht und wie man eines bekommt. Ja, er stellt sogar schon vorher äußerst komisch wirkende Überlegungen an, welche Art der Zubereitung eines Eies ihm am meisten zusagen würde – eine Überlegung, die zur sofortigen Triebbefriedigung seines Heißhungers im Widerspruch steht und von höherer Eßkultur zeugt, als man sie bei einem Kleinkind erwartet. Auch verfügt er von Anfang an über eine ausdrucksfähige Sprache, die ihm einmal sogar das Leben rettet, als er den Puppenspieler mit einem Crescendo von Ehrentiteln beschwichtigt. Das Gehen jedoch muß ihm Gepetto erst Schritt für Schritt beibringen. Es gelingt Pinocchio anfangs auch weder eine realistische Beurteilung der Gefahren noch eine richtige Einschätzung der Menschen. So legt er die Beine aufs Kohlenbecken und wacht mit verkohlten Füßen auf. Und das betrügerische Paar Fuchs und Katze überlistet ihn gleich mehrmals mit den gleichen Tricks. Am Ende der Geschichte aber können die beiden nicht einmal mehr durch ihr echtes Elend Pinocchio zu Mitleid bewegen: Er läßt sich durch nichts mehr darüber hinwegtäuschen, daß sie Gauner sind.

Eine der ersten Szenen zeigt bereits sehr plastisch, wie schmerzlich Pinocchio lernen muß, sich nicht mehr bloß nach dem Lust-Unlustprinzip zu orientieren: Während Gepetto durch einen Justizirrtum im Gefängnis sitzt, spürt Pinocchio daheim seinen Appetit zu Hunger, ja sogar zu Wolfshunger anwachsen. Er will in den Topf schauen, der auf dem Herd steht, was es zu essen gibt – zu seiner großen Enttäuschung stellt sich heraus, daß beides nur an die Wand gemalt ist. Die halluzinatorische Wunscherfüllung hat versagt. Dem Ei, das er sich zubereiten will, entschlüpft ein Küken, und sein Versuch, in der schaurigen Gewitternacht um eine milde Gabe zu betteln, konfrontiert ihn mit der Tatsache, daß sein Wohl anderen Menschen nicht am Herzen liegt wie Gepetto: Er wird mit einem Eimer Wasser begossen wegen nächtlicher Ruhestörung.

Mehrfach gerät Pinocchio in katastrophale Situationen, weil er dem Wunsch nachgibt, ohne Anstrengung reich zu werden. Natürlich haben ihn anfangs bereits die Grille, später eine weiße Amsel und ein Papagei vor der Illusion gewarnt, denen zu trauen, die versprechen, man könne über Nacht reich werden: Es sind gewöhnlich Narren oder Betrüger. Erst wiederholte Erfahrungen am eigenen Leib lassen in ihm die Einsicht reifen, daß Arbeit notwendig ist, und am Schluß arbeitet er nicht nur für sich, sondern auch, um seinen Vater und seine Mutter zu erhalten.

Zwischen der wachsenden Fähigkeit zur Realitätsprüfung und dem *Übergang von der Imitation zur Identifizierung* besteht ein unmittelbarer Zusammenhang. Gaddini meint, daß Imitationen auf unbewußten Phantasien basieren und in Abwesenheit eines befriedigenden Objektes eine halluzinatorische Wunscherfüllung repräsentieren. So wollte auch Pinocchio seinen Hunger mit einem gemalten, phantasierten Bild stillen, sobald Gepetto abwesend war.

Die Identifizierung dagegen enthält von Anfang an ein realistisches Element. Sie ist ein unbewußter, automatischer, psychischer Prozeß, in dem das Individuum in einem oder mehreren Aspekten wie eine andere Person wird, und stellt ein wichtiges Übergangsstadium dar, in dem imitative und introjektive Phänomene im Dienst der Realität und der Anpassung integriert werden. Die Internalisierung der Realität geht mit einer quantitativen und qualitativen Veränderung der Objektbesetzung einher. So verläuft auch bei Pinocchio die zunehmende Anpassung an die Realität parallel zu einer wachsenden Beziehungsfähigkeit: Hat er anfangs nur in Notsituationen an Gepetto gedacht, wird allmählich der Wunsch, ihm und bald auch der Fee Freude zu bereiten, immer wichtiger.

Mit der differenzierteren Wahrnehmung der Realität kristallisieren sich bei Pinocchio auch immer neue emotionale Reaktionen heraus: Während ihn der Betrug von Fuchs und Katze beim ersten Mal einfach verblüfft und er zu keiner Reaktion imstande ist, erlebt er beim zweiten Mal heftige Wut und Empörung, Gefühle, die ihn zu einer reiferen Ichleistung befähigen: Er klagt die beiden bei Gericht an. Allerdings passiert ihm dort gleich wieder ein ähnlicher Irrtum: In naiver Vertrauensseligkeit und Überschätzung der amtlichen Autorität wird er selbst zum Gefangenen. Doch er lernt daraus und verläßt sich beim nächsten Mal nicht mehr darauf, den Repräsentanten des Rechts etwas erklären zu können, sondern rettet sich selbst.

Sobald Pinocchio von Gepetto für die Schule eingekleidet worden ist, äußert er erstmals den kindlichen Wunsch, erwachsen zu sein. »Wie ein Signore« sieht er seiner Meinung nach aus. Als ihm der Puppenspieler für den Vater fünf Goldmünzen schenkt, fühlt er sich bereits als »gran signore«. Seine Bestrebungen, rasch reich zu werden, hängen mit seinem Wunsch, groß zu sein, zusammen: Während er darauf wartet, daß die im Wunderfeld eingegrabenen Goldmünzen sich vermehren, phantasiert er: »Wenn ich nun statt tausend zweitausend Goldstücke an den Zweigen des Baumes finde ... ? Oh, was wäre ich dann für ein ganz feiner Herr« – »che bel signore ... diventerei!« (Collodi 1990, 104). Und er träumt von einem schönen Palast mit tausend hölzernen Pferdchen und tausend Stallungen, einem Weinkeller mit rosafarbenen Likören und – einer Bibliothek aus kandierten Früchten, Torten, Mandelgebäck und Waffeln mit Schlag! – Ein eindrucksvolles Bild seines oralen Triebwunsches, der noch nicht sublimiert werden kann.

Die Oralität spielt in Pinocchios Geschichte eine Hauptrolle, wie ja auch in der Entwicklung von der Inkorporation zur Introjektion und zur Identifizierung. Pinocchios Abenteuer spiegeln überwiegend orale Verschlingungsängste: angefangen vom Puppenspieler Feuerfresser (Mangiafoco), der Pinocchio verfeuern will, über das schlangenartige Ungetüm (im Italienischen ebenfalls männlich: »Signor Serpente!«), den bissigen Hund Alodoro, den furchterregenden Fischer, der Pinocchio als Fisch panieren möchte, den heimtückischen Kutscher, der einem verräterischen Esel die Ohren abbeißt, bis zum alles verschlingenden Hai.

Gemeinsam ist ihnen aber nicht nur das Bedrohliche, sondern auch, daß sie aufgrund ihrer Schwächen zu überlisten sind: Den Feuerfresser überkommt die Rührung, die sich durch sein Niesen ankündigt, und er läßt Pinocchio frei; Signor Serpente lacht sich tot über Pinocchios komischen Sturz; der bissige Hund Alodoro droht zu ertrinken, Pinocchio hilft ihm und wird dafür von ihm vor dem Fischer gerettet; und der Hai leidet an Asthma und muß deshalb das Maul offen lassen, was Pinocchio die Flucht mit seinem Vater ermöglicht.

A. Adler hat wohl nicht ganz unrecht mit seiner Bemerkung, daß die von Pinocchio geforderte Liebe zum Vater, die »pietas erga parentem«, doch zu Gepettos Rolle als »intransigentes Menschenfresserlein« paßt: Wie Äneas einst seinen Vater aus dem brennenden Troja rettete, trägt auch Pinocchio seinen Vater auf den Schultern und rettet ihn, um von nun an für ihn zu sorgen. »Es muß leider festgestellt werden, daß Pinocchio von seinem babbo liebevoll, aber eben doch mit Haut und Haaren verschlungen wird« (Adler 1972, 46).

Pinocchios Wunsch, erwachsen zu werden, scheint viel stärker mit seiner Liebe zur Fee als mit Gepettos Vorbild zusammenzuhängen. Schließlich wirkt bereits bei Pinocchios Einkleidung für die Schule sein Stolz, nun wie ein »signore« auszusehen, erstaunlich, da er eigentlich noch nie einem imponierenden Mann begegnet ist – zumindest ist Gepetto nie als solcher aufgetreten.

Das einzige, was Pinocchio an ihm bewundern könnte, wäre wohl die Tatsache, daß er ein Mensch ist, während Pinocchio selbst nur aus Holz ist, ein im wahrsten Sinn des Wortes abhängiger Hampelmann. Die Bedeutung dieser hölzernen Existenzform erklärt ihm die Fee als Unfähigkeit zu wachsen: »Hampelmänner wachsen nie: Sie werden als Hampelmänner geboren, sie leben als Hampelmänner, und sie sterben als Hampelmänner.« (»... i burattini non crescono mai. Nascono burattini, vivono burattini e muoiono burattini.«) Doch Pinocchio hat keine Lust mehr, ein Hampelmann zu sein; er meint, es wäre nun auch für ihn an der Zeit, »un uomo« zu werden – »Sarebbe ora che diventassi anch' io un uomo« (Collodi

1990, 139). Im Italienischen ist der Doppelsinn des Wortes »uomo« als »Mensch« und »Mann« hier zweifellos bedeutsam.

Die Entwicklung, die Pinocchio bisher durchgemacht hat, läßt die Fee ihn bloß als Projektion wahrnehmen: »Als kleines Mädchen hast du mich verlassen, und nun findest du mich wieder als erwachsene Frau; ich könnte fast schon deine Mutter sein. Pinocchio ist davon begeistert, denn jetzt kann er »Mutter« statt »Schwesterchen« zu ihr sagen; und er hat sich doch so lange eine Mamma gewünscht – »una mamma come tutti gli altri ragazzi!« (Collodi 1990, 138). Ihre Wandlung vom toten Mädchen bei der ersten Begegnung zur Mamma spiegelt Pinocchios Wandlung vom hölzernen Hampelmann, der weder leben noch sterben kann, zum »ragazzo perbene«, der sich zum »uomo« weiterentwickeln wird. Denn ein braver Bub zu sein ist der einzige Weg – so behauptet die Fee wieder und wieder –, erwachsen zu werden. Am Ende der Geschichte hat Pinocchio diese notwendige Mittelstation erreicht: Er erwacht nicht mehr als hölzerner Hampelmann, sondern als »un ragazzo come tutti gli altri«, und seine mütterliche Fee nähert sich ihm im Traum besonders schön und lächelnd.

Das *Pinocchiosyndrom*, beschrieben von A. Sellischopp-Rüppell und M. von Rad (1977), bezeichnet die Unfähigkeit psychosomatisch erkrankter Patienten, eigene Gefühle differenziert wahrzunehmen und aus Erfahrungen zu lernen. Das trifft gewiß nicht den Kern von Pinocchios Geschichte. Pinocchio ist nicht gefühllos, er ist auch nicht krank, sondern unreif; und er entwickelt sich psychisch durch die Abenteuer, die seine Beziehung zu seinen verinnerlichten Objekten repräsentieren. Die beiden Autoren beziehen sich auf die äußere Realität, während es bei Pinocchio primär um seine innere Realität geht.

Pinocchio ist auch nicht in dem Sinn aus Holz, wie es der holländische Psychoanalytiker Jan Foudraine in seinem Buch *Wer ist aus Holz? Neue Wege der Psychiatrie* beschreibt: Dort geht es um die Abwehrhaltung der herkömmlichen Psychiatrie, die Kranke mit Krankheitsetiketten versieht und Schizophrene mit Radioapparaten vergleicht, bei denen einige der zahllosen Drähte kaputtgegangen sind und die deshalb unverständliche Geräusche von sich geben. Die eigene Abwehr von Gefühlen wird dabei auf die Patienten projiziert, die wie »Klinikmöbel« gefühllos und hölzern erlebt und dementsprechend behandelt werden.

Die auffallendste Parallele zu psychosomatisch Erkrankten besteht vielleicht darin, daß Pinocchio einen nur scheinbar starken Vater und eine unzuverlässige »Mutter« hat. Pinocchio konnte sich auf seine Mutter tatsächlich nie verlassen: »Meine Mutter habe ich nie gekannt«, hat er dem feuerfressenden Puppenspieler erklärt: »La mamma non l'ho mai connosciuto« (Collodi 1990, 62). Die mütterliche Imago erscheint zuerst als totes Mädchen, das um nichts lebendiger wirkt als der hölzerne Hampelmann. Nach dieser ersten Begegnung bleibt auch Pinocchio wie tot an der Eiche hängen. Immer wieder verliert er seine mütterliche bzw. schwesterliche Fee, und immer wieder ist er daran schuld, weil er zu lange wegbleibt: Die Fee stirbt sogar aus Gram. »Ihr gelegentliches Totsein«, meint Adler, »dient der Anregung der charakterbildenden Schuld- und Reuegefühle, die für die verlebendigende Entholzung des doch noch Hölzernen als unerläßlich gesehen werden.« (1972, 55).

Gleichzeitig aber wird hier die Trennungsangst genauso auf die Mutterimago verschoben wie in dem Kinderlied »Hänschen klein«, in dem die Mutter sehr weint über den Verlust ihres Hänschens, nicht etwa Hänschen selbst über die Trennung von der Mutter. Erst als die Fee sich immer deutlicher zu ihrer Mutterrolle bekennt – sie ist nun »tanto donna, che potrei farti da mamma« (Collodi 1990, 138) –, wird Pinocchio zum lebendigen Bub. Aber ein eindeutiger Sieg ist das Erreichen dieses Ziels nicht, und man kann Sellschopp-Rüppell und v. Rad darin zustimmen, daß es fraglich ist, ob die erfolgreiche Anpassung Pinocchios wirklich ein Happy-End ist.

Sobald Pinocchio ein »ragazzo perbene come tutti gli altri« geworden ist, erinnert er sich kaum mehr an seine Existenz als »burattino«. Das überwundene Entwicklungsstadium ist ihm fremd geworden, so, wie auch das Kind in der Latenzphase die heftigen Kämpfe der Ödipalität »vergessen« hat: »Wie komisch war ich doch als Holzbub! Und wie zufrieden bin ich, daß ich ein richtiger Junge geworden bin« schließt Pinocchios Geschichte in den deutschen Übersetzungen. Im Original klingt es durch die Verkleinerungsform etwas bescheidener und weist deutlicher auf die Anpassung hin: »e come ora son contento di essere diventato un ragazzino perbene« (Collodi 1990, 232).

Der vielgestaltigen Mutterimago steht die Imago des Vaters Gepetto gegenüber, dessen Vorname vielleicht nicht zufällig von dem Vornamen Joseph abgeleitet ist. Die Beziehung zwischen ihm und der Fee ist noch weniger eng als eine Josephsehe. Adler (1972) weist darauf hin, daß es nur eine Szene gibt, in der »mamma« und »babbo« gleichzeitig aufscheinen; doch sie hat da gerade die Gestalt einer Ziege auf einem Felsen im Meer angenommen, während sich Gepetto im Bauch des Hais befindet, was die Ziege entweder nicht weiß oder sie nicht interessiert, was Adler als »ein non plus ultra frigider Entfremdung unter ›Ehegatten‹« interpretiert (1972, 56).

Adler bezeichnet Gepetto als »kindlichen, gottähnlichen armen Schlucker«, und tatsächlich hat es den Anschein, als wäre Gepettos kreative Männlichkeit mit der Er-Zeugung Pinocchios, die ohne Mutter (!) stattfindet, erschöpft. Denn gleich nach dem Schöpfungsakt bereut er diesen und fühlt sich seinem Geschöpf so wenig gewachsen wie Goethes Zauberlehrling den von ihm belebten Besen: »Ma lo merito! Dovevo pensarci primo. Oramai e tardi« (Collodi 1990, 31). Gepetto ist hilflos und passiv. Er läßt sich nicht nur von Pinocchio alles gefallen, sondern auch von der Polizei einsperren, vom Hai verschlingen und schließlich von Pinocchio retten. Er wirkt – wie Adler bemerkt – viel eher als »Großväterchen« und nicht als Vater. Kein Wunder, daß er in Seenot gerät und in Pinocchio den leidenschaftlichen Wunsch weckt, ihn zu retten: »Voglio salvare il mio babbo!«

Freud beschreibt 1910 in den *Beiträge(n) zur Psychologie des Liebeslebens*, wie heftig sich Heranwachsende gegen die Vorstellung sträuben, daß auch ihre Eltern sexuell miteinander verkehren. Unter Gleichaltrigen werden solche Ideen etwa mit den Worten abgewehrt: »Es ist möglich, daß deine Eltern und andere Leute so etwas miteinander machen, aber von meinen Eltern ist das ganz unmöglich« (Freud 1910, 72). Die Ablehnung solcher Gedanken kommt einem Wunsch gleich: Der Vater soll nicht mit der Mutter verkehren. Das hat Collodi in der Figur des Gepetto deutlich gemacht. Es kommt diesem Wunsch durchaus entgegen, wenn er kein »gran, bel signore« ist, sondern ein armseliger Schwächling, der als Nebenbuhler nicht zu fürchten ist. Die Phantasie, den Vater aus einer Lebensgefahr zu retten, beinhaltet, wie Freud ausführt, einen trotzigen Sinn: Der Vater hat ihm das Leben geschenkt, er wird es ihm zurückgeben, er braucht nichts von ihm; durch die Rettung wird er mit ihm »quitt«.

Gaddini (1992, 61ff.) zeigt die Bedeutung des Vaters als zweites Liebesobjekt, das sich vom ersten, der Mutter, primär dadurch unterscheidet, daß es nie als Teil des eigenen Selbst erlebt wird. Die Phase, in der das Liebesobjekt »gebildet« wird (Gaddini spricht von »formation of the father«), fällt gewöhnlich mit der Periode der Urszene zusammen. Sie erscheint möglicherweise nur deshalb als ein einzelnes Erlebnis, weil sie durch andere »einmalige« Ereignisse – etwa die Geburt eines Geschwisters – verdichtet wird, ein Phänomen, das z. B. auch bei den sogenannten »Deckerinnerungen« auftritt.

In dieser für die psychische Entwicklung so entscheidenden Phase der Triangulierung, in der außerhalb der Mutter-Kind-Beziehung ein neues Liebesobjekt erworben werden soll, kann einerseits die Mutter dem Kind geheimnisvoll, bedrohlich und fremd, gleichsam aufgespalten in zwei Objekte, erscheinen, andererseits kann der Vater als Verdoppelung der Mutter – also noch nicht als eigenständiges zweites Objekt – wahrgenommen werden. Dieser von Gaddini beschriebene Aspekt der bedrohlichen Mutter der Urszene scheint ebenso wichtig zu sein wie jener, der die Phantasien über den Vater als Aggressor gegenüber der Mutter in Betracht zieht.

Gepetto hat sich seinen Sohn geschaffen; er ist – sofern man nicht das Herausmeißeln des Hampelmanns aus dem Holz als symbolische Auflösung einer Symbiose auffassen will – Pinocchios erstes Liebesobjekt. In diesem Zusammenhang scheint interessant, daß sich sowohl die Vater- als auch die Mutterimago erst in einem zweiten Ansatz konstituieren: Nicht der Tischlermeister Kirsche, der das

Holzstück findet, wird zum Vater, sondern dessen Freund, und das tote Mädchen verschwindet zunächst, bevor es als Fee wieder auftaucht. Pinocchios kindliches Bedürfnis nach Trost, Hilfe und Bemutterung richtet sich während der ersten Abenteuer ausschließlich auf Gepetto: Immer wieder ruft er nach ihm, wie sonst Kinder in Not nach der Mamma rufen: »Babba mio, salvate mi! Non voglio morire!« (Collodi 1990, 60). Die Triangulierung fehlt also zunächst ganz und wird im Lauf der Geschichte so gestaltet, daß Gepetto völlig in den Hintergrund tritt, während die Fee zur Hauptbezugsperson Pinocchios wird, die sich zwar immer wieder entzieht, aber doch auch immer wieder erscheint.

Unter den Tieren, die ja ebenfalls Spiegelungen von Objektbeziehungen repräsentieren, gibt es als unzertrennliches Paar den Fuchs und die Katze. Doch dieses Elternpaar ist dadurch gekennzeichnet, daß es nur lügt und betrügt. Im Italienischen ist das grammatikalische Geschlecht der Tiere gerade verkehrt: der Fuchs, la volpe, ist ebenso dominierend wie die Fee; die Katze, il gatto, dagegen erscheint so schwach und farblos wie Gepetto, lediglich ein Echo des starken Gefährten.

Collodi hat den kleinen und großen Lesern die Identifizierung mit dem Helden Pinocchio leicht gemacht, indem er ihnen »Lust- und Genußquellen eröffnet, die sonst unzugänglich sind«. In seiner Arbeit *Psychopathische Personen auf der Bühne* vergleicht Freud das Schauspiel mit dem Spiel des Kindes: Der Zuschauer erlebt zu wenig, er fühlt sich als »Misero«, dem nichts Großes passieren kann. Ähnlich befriedigend ist es wohl für den jungen Leser, Pinocchio als Helden mit ungeheuer starkem Lebenswillen im Mittelpunkt des Weltgeschehens zu sehen und mit ihm die gleichen Regungen zu teilen, ohne selber ernstlich gefährdet zu sein. Das erregte Mitleiden wird durch die Befriedigungsmöglichkeiten kompensiert: Das Lustprinzip wird nicht nur überwunden, sondern es bricht auch wieder und wieder durch, und die unbewußten ödipalen Phantasien von der Trennung der Eltern und der Entthronung des Vaters bleiben die tragenden Motive der ganzen Geschichte. Der Tribut, der dafür zu leisten ist, ist der (vielleicht nur scheinbare) Verzicht auf das Ausleben des Lustprinzips und die (vielleicht nur scheinbare) Anpassung am Ende.

Der sensationelle Erfolg der *Avventure di Pinocchio* zeigte sich schon nach den ersten Kapiteln und veranlaßte das junge Publikum zum Eingreifen in die Entstehungsgeschichte durch Proteste gegen ein vorzeitiges, unbefriedigendes Ende. Die Ursache liegt gewiß nicht in der pädagogischen Moral der Geschichte, sondern in den hervorragend getarnten Lustquellen. Ihr entspringen sicher auch die unzähligen Bearbeitungen, die z. T. originelle und interessante Abweichungen bringen mögen, aber doch an die Bemerkung von Richard Wunderlich und Thomas J. Morissey über die Entwicklung Pinocchios in den Vereinigten Staaten denken lassen: »Was ist das grausamste Schicksal, das ein literarischer Klassiker erleiden kann? Ignoriert, vergessen oder verloren zu sein? Nein, erniedrigt und trivialisiert und dann erinnert zu werden ist noch grausamer. Das ist das Schicksal von Pinocchio« (1982, 205).

Als Beispiel sollen die frühe deutsche Bearbeitung von Otto Julius Bierbaum, *Zäpfel Kern*, der *Neue Pinocchio* von C. Nöstlinger und eine moderne italienische Zeichentrickfilmversion dienen. Bierbaums »Nacherzählung« trägt den Untertitel: *Ein Märchen.* Ein wunderliches Wichtelmännchen gibt die Herstellung Pinocchios in Auftrag, damit den Menschen Rücksicht auf das Leben im Wald nahegelegt wird – eine der heutigen umweltbewußten Pädagogik würdige Idee. Zäpfel Kern ist entwurzelt und sehnt sich nach dem Wald zurück. Widersprüchlichkeiten, wie sie im Original durch die Nähe zum Primärprozeßhaften vorkommen, werden geglättet oder beseitigt.

Auch die Bearbeitung von Nöstlinger ist sehr bekannt und gilt als besonders gelungen. Auch sie hat Unlogik weitgehend eliminiert: Das schöne Mädchen ist z. B. nicht tot, sondern macht nur Pinocchio zu spät die Tür auf; die Fee stirbt auch nicht aus Gram, sondern ist nur todtraurig; die Entscheidung des Richters wird logisch begründet, so, wie eben bei Nöstlinger die Erwachsenen meist etwas dümmlich und boshaft sind; und Pinocchio muß nicht eine konfliktreiche Entwicklung durchmachen, sondern wird durch einen Zauber erwachsen. Die Fee verwandelt sich zum Schluß in eine türkisblaue Rose, an der sich Pinocchio blutig sticht, woran er erkennt, daß er kein Hampelmann mehr ist. Sie stellt ihm die Erfüllung seines geheimen Wunsches in Aussicht: »Als Hampelmann wärest du nicht größer geworden. Nie würdest du ein Mann werden. Nie hätte ich dich heiraten können. Verstehst du das?« (Nöstlinger 1988, 212). Und Pinocchio versteht. Aber Christine Nöstlinger offenbar nicht.

In einer modernen italienischen Trickfilmversion wird Pinocchio erst durch einen bösen Zauberer in eine Holzfigur verwandelt, lernt aber bei ihm auch ein Mädchen kennen, das ebenfalls zur Marionette wurde. Mit Hilfe der wunderschönen blauen Fee und einer männlichen Variante der Biene Maia werden Pinocchio und sein großväterlicher Gepetto natürlich gerettet, und am Schluß erweist sich alles nur als böser Traum.

Kehren wir zurück zum Original, das durch die Identifizierung mit dem Helden Pinocchio nicht nur für die kleinen und großen Leser, sondern auch für den Autor selbst bedeutsam war. Denn »der seelische Vorgang der Lustentbindung im Leser kopiert nur den des Autors« (Leupold-Löwenthal 1994, in diesem Band). Werfen wir zum Abschluß noch einen kurzen Blick auf das Leben Collodis, der dieses Meisterwerk im Alter von 55 Jahren (Alter Gepettos?) schrieb, kurz nachdem er nach 20 Dienstjahren als Theaterzensor wegen seines schweren Asthmas (auch der Hai leidet an Asthma!) vorzeitig in Pension ging und nur mehr als Schriftsteller und Journalist weiterarbeitete.

Carlo war das älteste von 10 Kindern. Sein Vater war Koch (Oralität!) bei den Marchesi Lorenzo und Marianne Ginori Lisci in Florenz, seine Mutter Schneiderin und Zofe aus dem kleinen Ort Collodi (Pseudonym!) in der Nähe der toskanischen Stadt Pescia. Die Marchese Ginori übernahm für den Erstgeborenen die Patenschaft und beschloß, daß er das Priesterseminar besuchen solle. Von dort brach er nach einigen Jahren aus; er galt als Lausbub, der Erzieher und Freunde zur Verzweiflung brachte. Er studierte Rhetorik und Philosophie und arbeitete als junger Mann in der angesehenen Buchhandlung Piatti, wo auch seine ersten Kontakte mit Journalisten und Schriftstellern zustande kamen. Er nahm als Freiwilliger bei den italienischen Unabhängigkeitskriegen 1848 und 1859 teil. Als Journalist, Schriftsteller, Theaterkritiker und -dichter hatte er bald einen so guten Ruf, daß er zur Neugestaltung von Schulbüchern und zur Mitarbeit an Kinderzeitschriften eingeladen wurde. Auch als Herausgeber von Zeitschriften war er erfolgreich. Daß er ein schwerer Alkoholiker und süchtiger Spieler war, brachte ihn allerdings immer wieder in finanzielle Schwierigkeiten. Er blieb unverheiratet und starb im Alter von 64 Jahren an einem durch einen Asthmaanfall geplatzten Aneurysma.

In einer Seitengasse in Florenz zeigt eine Inschrift das Haus an, in dem 1825 Carlo Lorenzini Collodi, der »Vater von Pinocchio«, geboren wurde (Commire 1982, 134).

Literatur

ADLER, A. (1970): *Möblierte Erziehung.* München

– (1972): *Holzbengel mit Herzensbildung.* München

BIERBAUM, O. J. (o. J.): *Zäpfel Kerns Abenteuer.* Hamburger Lesehefte Verlag

CAMBON, G. (1975): *Pinocchio and the Problem of Children's Literature.* In: Children's Literature. Vol. 2. Philadelphia

COLLODI, C. (1990): *Le Avventure di Pinocchio.* 3. Aufl. Mondadori, Milano

– (1923): *Hölzele, der Hampelmann.* Hrsg. von F. Latterer. Wien

– (1965): *Die Geschichte vom hölzernen Bengele.* Hrsg. von A. Grumann. Freiburg i. Brsg.

– (1982): *Die Abenteuer des Pinocchio.* Hrsg. von N. Morris. Hamburg

– (1983): *Pinocchio.* Hrsg. von W. Scherf. 5. Aufl. Bayreuth

COMMIRE, A. (1982): *Something About the Author.* Vol. 29. Gale Research Co., Detroit

DAHRENDORF, M. (1986): *Jugendliteratur und Politik.* Frankfurt/M.

DODERER, K. (1969): *Klassische Kinder- und Jugendbücher.* Weinheim

– (1984): *Lexikon der Kinder- und Jugendliteratur.* Weinheim

EICHHORN, B. (1968): *Carlo Collodi – der Mensch, sein Leben und sein Werk.* Zeitschrift für Jugendliteratur 5, 269–276

FOUDRAINE, J. (1976): *Wer ist aus Holz? Neue Wege der Psychiatrie.* München

FREUD, S. (1905/1906): *Psychopathische Personen auf der Bühne.* In: Gesammelte Werke. Nachtragsband, 655–664. Frankfurt/M.

– (1910): *Beiträge zur Psychologie des Liebeslebens.* In: Gesammelte Werke. Band VIII, 65-91. Frankfurt/M.

GADDINI, E. (1992): *Psychoanalytic Theory of Infantile Experience.* London

GAYLIN, W. (1990): *Adam and Eve and Pinocchio. On Being and Becoming Human.* Viking, New York

HAZARD, P. (1952): *Kinder, Bücher und große Leute.* Hamburg

HEINS, P. (1982): *The Adventures of Pinocchio. A Second Look.* In: The Horn Book Magazine. Hrsg. von B. M. Miller 1924. – 1982/2/VIII, 200ff.

HUSCHA, C. (1977): *Struwwelpeter und Krümelmonster. Die Darstellung der Wirklichkeit in Kinderbüchern und Kinderfernsehen.* Frankfurt/M.

LEUPOLD-LÖWENTHAL, H. (1994): *Psychoanalytische Bemerkungen zur sogenannten Trivialliteratur* (in diesem Band)

NÖSTLINGER, C. (1988): *Der neue Pinocchio.* Weinheim

SAHR, M. (1989): *Pinocchio als Erziehungshilfe?* In: Jugendbuchmagazin »Proben und Profile« 2, 81-87

SELLSCHOPP-RÜPPELL, A., RAD., M. v. (1977): *Pinocchiosyndrom.* In: Psychotherapy and Psychosomatics, Vol. 28, 357-360

WUNDERLICH, R., MORISSEY, TH. J. (1982): *The Desecration of Pinocchio in the United States.* In: The Horn Book Magazine. Hrsg. von B. M. Miller 1924. 1982/2/VIII, 205ff.

Psychoanalytische Bemerkungen zu Daniel Defoes *Robinson Crusoe* und zur Entstellung klassischer Literatur als »Jugendliteratur«

Von DIETER OHLMEIER

Robinson Crusoe: aus Angst zur Ordnung

Bei Daniel Defoes *Robinson Crusoe* handelt es sich um »eines der schönsten und gelesensten Bücher der Welt« (Hermann Hesse). Natürlich gibt es Gründe dafür, warum dieses klassisch gewordene Buch heute noch ebenso populär und viel gelesen ist wie zu seiner Entstehungszeit, mehr noch: Diesen Gründen und ebenso der Frage, warum man das Buch unter das Motto »aus Angst zur Ordnung« stellen kann, soll im folgenden nachgegangen werden.

Dieses Buch enthält auf den ersten Blick eigentlich wenig Psychologisches. Es ist, von der Oberfläche her gesehen, geradezu ein Roman ohne Psychologie, zumindest ohne »Tiefenpsychologie«. Dem entspricht, daß auch das psychoanalytische Interesse an diesem literarischen Werk bisher offensichtlich gering geblieben ist. Allein Berna (1966) und Schmidbauer (1981) wandten sich dem Robinson Crusoe zu. Berna beschrieb unter dem Aspekt der »Pubertätsrevolte« die Identifizierungsangebote, die das Buch für den Leser enthält und ihn per identificationem selber zum pubertierenden Helden machen.

Wenn wir sagen, daß dieser Roman auch heute eine sehr hohe Aktualität hat, daß dieses Buch nichts weniger als veraltet und verstaubt ist, dann müssen die Gründe dafür in der Darstellung menschlicher Grundsituationen, die nicht so sehr auf der manifesten Handlungs- und Leseebene als vielmehr auf den im Unbewußten des Lesers angesprochenen, ja wachgerufenen Konfliktebenen liegen.

Interessant ist, daß die Rezeption dieses Buches auch heute meist auf Kinder und Jugendliche beschränkt ist, obwohl es keineswegs als Jugendbuch gedacht war. Es teilt insofern das Schicksal anderer berühmter Romane (etwa Cervantes' *Don Quijote* oder Melvilles *Moby Dick*), die als Jugendbücher bekannt und somit mißverstanden worden sind, und dazu in durchweg gekürzter und bearbeiteter Form – ein Schicksal, das auch Defoes Buch wiederholt und in immer neuen Variationen erlitten hat in der – psychoanalytisch gesehen – abwehrbedingten Absicht, eine »Entschärfung« vorzunehmen, welche die dargestellten Triebkonflikte und -ängste bannen, gleichsam purifizieren soll durch Herstellung von »Ordnung«.

Bei diesen Bearbeitungen handelt es sich um eine charakteristische Form der Zensur, vergleichbar mit der Traumzensur, aber ebenso mit »Zensur« im originalen Sinn: nämlich der politischen. Gefährliche, »subversive« Inhalte sollen vom offiziellen Bewußtsein ferngehalten werden. Immer handelt es sich bei diesen Verkürzungen und Bearbeitungen um erhebliche Beschneidungen auch der literarischen Qualität.

Oft machen Psychoanalytiker, die ihre Forschungsmethode auf literarische Werke anwenden, die Erfahrung, daß Enttäuschung, ja geradezu Aggressivität geäußert werden, wenn geliebte und bekannte Bücher aus der Kinder- und Jugendzeit »Opfer« des Analysierens werden. Solche Phänomene sind uns aus der klassischen psychoanalytischen Behandlungssituation vertraut: Die psychoanalytische Bearbeitung solcher Werke wird ebenso als Entzauberung, als Desillusionierung, als ein Wink zur Verabschiedung kindlicher Phantasien verstanden wie die psychoanalytische Beschäftigung mit individuellen Lebensschicksalen, insbesondere der Kindheit. Die Anwendung der Psychoanalyse auf literarische Werke muß wohl ein großes Ausmaß an Desillusionierung, Entmagifizierung und Enttabuisierung mit sich bringen, wo wir doch so gerne – wenigstens dann, wenn wir eines der »schönsten und gelesensten Bücher der Welt« zur Kenntnis nehmen – in unseren Illusionen, Wünschen und Tabus leben möchten.

Zur Methodik bzw. Methodologie bei psychoanalytischen Literaturinterpretationen liegen zahlreiche Ansätze vor, ohne daß wir allerdings über eine allgemein akzeptierte oder gar allgemein gültige Standardmethode verfügen (Ohlmeier 1985). Wir verdanken Freud und seinen frühen Schülern bereits einige der bis heute eindrucksvollsten Beispiele der Anwendung der Psychoanalyse auf literarische Werke. Über spezielle methodologische Fragen wurde zunächst nicht weiter nachgedacht – entscheidend war, dem literarischen Werk Modelle für Charaktertypen und Persönlichkeitsentwicklungen, aber auch für strukturbildende Konflikte, z. B. das Ödipus-Modell, zu entnehmen.

Aber auch heute noch ist die Art der psychoanalytischen Texterfassung und Textverarbeitung voller ungeklärter Probleme. So handelt es sich dabei nicht um eine systematische und vollständige Texterfassung, die quasi linear in der Reihenfolge der manifesten Textgestalt vorgeht. Sie ist statt dessen konfliktzentriert oder *axial*, wenn wir als »Achse« die latenten unbewußten Konfliktkonstellationen, die ein literarisches Werk durchziehen, auffassen.

Außerdem ist zu erwähnen, daß der Leser – ebenso wie der psychoanalytische Forscher, der sich eines literarischen Textes annimmt – sich auf einen psychischen Prozeß einläßt, der gewisse Übereinstimmungen mit dem psychoanalytischen Prozeß aufweist. Nach dem Lesen eines literarischen Werkes ist man, genauso wenig wie nach einem psychoanalytischen Prozeß, nicht »derselbe« wie zuvor. Es findet also eine innere Beziehung zwischen Text und Leser bzw. auch Psychoanalytiker statt, die gelegentlich mit einer Übertragungsbeziehung verglichen worden ist, auch wenn sie natürlich keine Übertragung im klassischen Sinne dieses Begriffes sein kann. Gleichwohl können wir sehen, daß der Leseprozeß – verstanden als psychischer Prozeß, der während des Lesens und durch das Lesen in Gang gesetzt wird – Züge des Durcharbeitens, allerdings hauptsächlich zunächst auf der Ebene der Identifizierung mit neuen Personen, Triebkonflikten und Objektbeziehungen, aufweist. Der Leser erlebt diesen Prozeßcharakter des Lesens nicht durchweg bewußt, sondern es handelt sich um ein Erspüren, Mitphantasieren, Mitabwehren von Triebkonflikten, mit denen das Werk den Leser konfrontiert. Der psychoanalytische Literaturforscher wird versuchen, aufgrund der Beobachtung des in ihm selber ablaufenden psychischen Prozesses Deutungshypothesen bewußt zu machen und explizit zu formulieren, die jene bisher unbewußten Prozesse erkennbar und beschreibbar werden lassen.

Ich komme nun zu dem Roman Defoes und setze den Handlungsverlauf des Buches voraus, der allgemein gut bekannt ist. Das Buch ist in einer erstaunlich gradlinigen, einfachen, »simplen« – vielleicht eben deswegen so genialen – Form gefaßt. Man könnte es im Grunde in drei, vier Sätzen beschreiben. Statt dessen möchte ich auf die *beiden Grundsituationen* des Buches eingehen und diese an Beispielen belegen. Die Grundsituationen oder Grundkonstellationen des Buches scheinen mir zu sein: das Erleben, die Befürchtung, das Phantasieren des Verschlungenwerdens (oder auch des Ertrinkens); Verschlungenwerden und Ertrinken stellen die *Angstsituation* dar. Die andere Grundsituation ist die *Ordnungssituation:* Wir erleben Robinson als einen Menschen, der in äußerster Angst, Einsamkeit, in seinem Alleinsein Wege sucht und findet, um ein nahezu perfektes System der Ordnung – und das bedeutet die ordnende Herrschaft über Dinge und Menschen, über die belebte und unbelebte Natur – zu erreichen.

Diese beiden Situationen lassen an zwei aus der psychoanalytischen Klinik und Theorie vertraute Situationen denken: erstens an die Situation des Triebkonfliktes und der Entwicklung von Angst als *Symptombildung* und als ein *Signal* für diesen Vorgang. Zweitens, was die Ordnungssituation betrifft, weniger an die Entstehungsbedingungen der Zwangskrankheit, des Zwangscharakters, als vielmehr an das, was wir aus der Entstehung bzw. der Struktur psychotischer Verläufe als *Rekonstruktion,* als eine Wiederherstellung auf einem anderen Niveau des zunächst subjektiv als untergegangen wahrgenommenen psychischen Apparates und der Objektbesetzungen, anzusehen gewohnt sind.

Ich möchte die erste Grundkonstellation, die Angstsituation, an einigen Beispielen aus dem Werk darstellen. Es handelt sich um die »spannendste« Situation des Buches; die Spannung und der damit einhergehende »Lesespaß« entspricht im identifikatorischen Miterleben des Lesers einer Angstlust (Balint 1959). Die Angst zeigt sich als eine Angst vor dem Verschlungenwerden, in erster Linie eine Angst vor dem Ertrinken. Da ist die berühmte Situation, in der Robinson befürchten muß, von der See verschlungen zu werden, zu ertrinken, wovon das »Initialerlebnis« seiner Landung auf der Insel am deutlichsten Zeugnis ablegt:

»... (ich hatte) kaum genug Atem, ›O Gott!‹ zu rufen, sondern in einem Augenblick wurden wir alle vom Meer verschlungen. Nichts kann die Verwirrung meiner Gedanken in dem Augenblick beschreiben, als ich fühlte, daß ich unterging; denn obgleich ich ein guter Schwimmer war, konnte ich mich doch nicht genügend lange aus dem Wasserschwall befreien, um Atem zu holen, bis die Welle, die mich eine gute Strecke ans Ufer getrieben oder eher geworfen hatte, sich verzehrt hatte und zurückflutete.
Fast trocken, dazu aber halbtot wegen des vielen Meerwassers, das ich geschluckt hatte, lag ich am Strand. Immerhin hatte ich genug Geistesgegenwart und auch Atem, daß ich, nun dem Festland näher als erwartet, rasch auf die Beine kam und mich bemühte, so schnell als möglich ans Land zu gelangen, bevor die nächste Welle kam und mich zurückriß. Aber ich erkannte bald, daß ich dem nicht entkommen konnte; denn hoch wie ein großer Hügel sah ich die See hinter mir herkommen. Ein wütender Feind, dem zu wehren ich weder Mittel noch Kräfte hatte; ich konnte nur den Atem anhalten, nach Möglichkeit obenauf bleiben und mich, so gut es ging, aufs Land zu halten.
Meine größte Sorge war, daß die See, die mich beim Anlaufen weit auf das Ufer zu trüge, beim Zurücklaufen mich mit sich fortriß. Die Welle, die jetzt über mich kam, begrub mich sofort 20 bis 30 Fuß tief in sich, und ich fühlte, daß ich mit großer Kraft und Geschwindigkeit eine sehr weite Strecke landeinwärts getrieben wurde; ich hielt den Atem an und bemühte mich nach besten Kräften, noch weiter vorwärts zu kommen. Eben, als ich vor Atemhalten am Bersten war, fühlte ich zu meiner größten Erleichterung, daß ich in die Höhe kam und Kopf und Hände schon aus dem Wasser waren; und ob ich mich gleich kaum zwei Sekunden so halten konnte, half es mir doch sehr und gab mir Atem und neuen Mut.
Wieder wurde ich eine gute Weile im Wasser begraben, aber nicht allzulange, so daß ich's aushielt; und sobald ich spürte, daß die Wasser sich verlaufen hatten und zurückzufluten begannen, stemmte ich mich mit aller Macht gegen die zurückflutende Woge und fühlte wieder Grund unter den Füßen. Ich blieb ein paar Augenblicke reglos, um Luft zu schnappen und das Wasser aus mir ablaufen zu lassen (...) (...) vielmehr schleuderte mich (das Wasser) mit solcher Gewalt gegen eine Klippe, daß ich bewußt- und hilflos liegenblieb. Ich hatte einen so heftigen Stoß gegen Brust und Seite erhalten, daß mir der Atem gleichsam zum Halse herausfuhr; und wäre die Flut gleich wiedergekommen, ich wäre unfehlbar im Wasser erstickt« (S. 64–66).

Später heißt es noch weiter, daß es nun darauf ankam, seinen Atem anzuhalten, und daß er endlich der Gefahr um den Zugriff des Wassers entzogen sei.

Nun liegt es natürlich nahe, hier sehr einfache Deutungen zu geben; aber man sollte sich solcher einfachen oder auch »platt« erscheinenden Deutungen deswegen nicht enthalten, und so stellt sich die Frage: Handelt es sich hier eigentlich um eine Darstellung oder vielmehr um ein Rückgängigmachen des Erlebens des Geburtsvorganges? Um eine Angst auf jeden Fall, die Robinson in starkem Ausmaß erlebt; eventuell die Urform der Angst, die von ihm gespürt wird als Erstickungsangst und Einverleibungsangst im Sinne des Versinkens, des Atemverlustes durch das Einverleibt- und Hineingesogenwerden in das Meer.

Es ist die Frage, wie weit diese – übrigens an die von Otto Rank (1924) in seinem Buch *Das Trauma der Geburt* formulierte – Angst nicht von einer Lust begleitet ist: einer Lust nämlich, in das Wasser hineingezogen zu werden. Die von Robinson gespürte Angst korrespondiert eng mit einem großen Bedürfnis, in das Wasser und in die Atemlosigkeit – letzten Endes also (bei dieser Interpretation) durch Rückgängigmachen des Geburtsvorganges in einen vorgeburtlichen Zustand der Vereinigung mit einem mütterlichen Objekt – wieder einzutreten.

Wenn wir uns eine andere Situation anschauen, wird diese Frage noch etwas deutlicher. Es handelt sich hier darum, daß Robinson durch einstürzende Erde in Gefahr kommt; er erlebt es jedenfalls als Gefahr, von der Höhle, in der er Zuflucht findet auf der Insel, verschlungen zu werden. Der Text lautet:

> Bei einem Erdbeben »(...) wurde ich durch ein wahrhaft fürchterliches Ereignis in Angst und Schrecken versetzt: Plötzlich sah ich nämlich, wie Erdreich vom Dach meiner Höhle und vom Rand des Hügels über meinem Kopf her abbröckelte, und hörte, wie zwei von den Pfosten, die ich in der Höhle aufgestellt hatte, entsetzlich krachten. Ich war zu Tod erschrocken, konnte mir aber die wirkliche Ursache nicht denken, sondern glaubte nur, das Gewölbe meiner Höhle wäre am Einstürzen, wie das mit einem Teil schon früher geschehen war, und vor lauter Angst, lebendig begraben zu werden, stürzte ich zu meiner Leiter, hielt mich aber auch dort nicht für sicher, sondern kletterte über den Wall, aus Furcht, Stücke des Hügels möchten auf mich herabstür-

zen; kaum hatte ich den festen Boden unter den Füßen, als ich erkannte, daß es sich um ein furchtbares Erdbeben handelte, denn der Boden, auf dem ich stand, bebte dreimal. ... Ich bemerkte auch, daß das Meer selber durch das Beben in heftige Bewegungen geraten war; die Stöße unter Wasser waren wohl noch stärker als die auf der Insel« (S. 110).

Robinson erlebt mehrere derartige Situationen, und es scheint, daß sein Leben auf dieser Insel, wie unter einem Wiederholungszwang, immer wieder von Situationen der Angst, verschüttet und verschlungen zu werden, beherrscht wird. Am deutlichsten wird das, als er bemerkt, daß die Insel von Kannibalen heimgesucht wird. Diese Angst hatte er von vornherein gehabt; nun scheint sie zur Realgefahr geworden zu sein. Es heißt:

»(...) dann mußte dieses Land die wilde Küste zwischen den spanischen Ländern und Brasilien sein, wo allerdings die Ärgsten unter den Wilden hausen, nämlich Kannibalen oder Menschenfresser, welche alle Menschen, die ihnen in die Hände fallen, totschlagen und verschlingen« (S. 151).

Wieder also, ebenso wie vor dem Wasser und in der Höhle, ist die Angst Robinsons, real so völlig gestützt von den Ereignissen des Romans, verschlungen zu werden. In der Tat verwendet der Dichter das Wort »verschlungen« laufend und fast perseverierend.

Eine weitere Textstelle unter vielen wäre hinzuzunehmen: Am Schluß des Romans, wenn die Ängste zugunsten einer fast perfekt ausgerichteten Ordnung überwunden zu sein scheinen, tritt die Angstsituation noch einmal auf wie ein später Nachklang des alten Symptoms, wenn es in der Begegnung mit wilden Wölfen auf den letzten Seiten des Buches heißt:

»Endlich sagten sie uns noch, daß die Wölfe, wenn wir uns zusammengehalten und die Pferde ihnen überlassen hätten, so begierig gewesen wären, sie zu verschlingen, daß wir wohl ohne Schaden davon gekommen wären, zumal wir Feuerwaffen bei uns hatten und so viele waren. Ich für meinen Teil hatte niemals in meinem Leben« [niemals in seinem Leben, offenbar auch auf der Insel nicht; D. O.] »eine Gefahr so stark empfunden; beim Anblick dieser dreihundert Teufel, die mit gräßlichem Geheul und aufgesperrtem Rachen auf uns losstürzten, an einem Ort, wo wir ganz ohne Schutz und Zuflucht waren – bei diesem Anblick hatte ich mich für verloren gegeben« (S. 399).

So klingt also am Schluß, nachdem das perfekte Ordnungssystem längst aufgerichtet und Robinson ein »gemachter Mann« ist, noch einmal nach, was seine Angst, seine Urangst ausmacht. Wie kann man diese Angst verstehen? Wie kann man sie interpretieren? Der Roman gibt wenig Hinweise. Was die Biographie Robinsons betrifft, so werden uns nur spärliche Angaben gemacht. Es wird darüber gesprochen, daß Robinson ein unbändiges Fernweh hat und ständig gegen alle Ratschläge, auch gegen moralische Vorhaltungen der Eltern, aufs Meer drängt, so, als ob es sich um etwas Unanständiges, um etwas nicht nur beruflich, sondern auch sexuell Anstößiges, Verwahrlostes handelt.

Handelt es sich nicht vielmehr darum, hier eine Wiedervereinigung mit einer Mutter zu vollziehen, die Robinson – und das könnte der Hinweis sein, der uns gegeben wird durch die schwache, die geradezu »unterbelichtete« Darstellung der Mutterfigur dieses Buches – nicht als sehr präsent und erreichbar erlebt; die zumindest nicht seine Wünsche nach großer Nähe und Wiederverschmelzung mit ihr befriedigt, nach einem Rückgängigmachen der Geburt. Es handelt sich um einen tief regressiven Wunsch im Gewande der Abenteuersehnsucht, der Abenteuerlust und des »Unternehmerischen«, der ihn dazu bringt, so, wie es das Buch darstellt, seine gefährlichen Seeabenteuer aufzusuchen, bevor er dann verunglückt und in jene Situation kommt, die ihm die Chance bietet, seine Wünsche zu erfüllen, sie in Realität übergehen zu lassen.

Auf der anderen Seite ist deutlich – und es handelt sich ja um eine Angstsituation –, daß die Angst vor der fressenden, verschlingenden, kannibalischen Mutter-Imago ihn bis zum Wahnsinn, aber auch bis zur äußersten Erregung treibt, wie es in dem Werk so eindrucksvoll dargestellt ist. Dieser Wunsch und die zugeordnete Angst erregen ihn, geben ihm aber auch das Gefühl der äußersten Gefährdung, der Existenzvernichtung.

Bei dieser Gelegenheit ist zu betonen, daß auch Robinson selbst offensichtlich Wünsche nach Verschlingen, starke orale Wünsche hat, die die Objektbeziehungen in der Wunschphantasie prägen. Die Reaktionsbildung gegen die orale Gier, der Ekel gegen die Einverleibung, wird von Robinson insbesondere erlebt und wird von

Defoe geschildert am Beispiel der Zeugenschaft der kannibalischen Handlungen, wenn es heißt:

> »Auch befahl ich ihm [Freitag], die gräßlichen und, wie ich wußte, ziemlich reichlichen Überbleibsel ihres barbarischen Festes zu beseitigen, eine Arbeit, die ich mir selber nicht zumuten wollte. Ich konnte nicht einmal den Anblick ertragen, wenn ich dort vorbeikam. Aber Freitag führte alles pünktlich aus und löschte jede Spur des Aufenthaltes der Wilden, so daß ich später, als ich wieder einmal hinkam, die Stelle nur noch mit Hilfe der Ausläufer des Waldes ausmachen konnte« (S. 320f.).

Es wird dann noch näher ausgeführt, daß der äußerste Ekel und Abscheu gegen die kannibalischen Handlungen von Robinson empfunden wird.

Ich möchte nun einen Einschub machen, der überleiten kann zu der Frage, was die wahren Motive für Robinson sein könnten, einen *Ordnungsstaat* zu errichten. Hierzu dient ein kurzer Blick auf das Modell der Entstehung der Psychose, wie Freud (1911, 1924) es entwickelt hat, und wie es vor allen Nunberg (1931) zu systematisieren versucht hat.

Die schizophrene Psychose wird durch das Gefühl des sogenannten »Weltuntergangs« eingeleitet. Es handelt sich um ein von Patienten subjektiv erlebtes Katastrophen- und Untergangsgefühl, das einem Realitätsverlust entspricht, d.h., die subjektiv wahrgenommene, begreifbare, besetzbare Objekt-Realität geht verloren. Es stirbt dem Erkrankten die Welt aus. Es erfolgt eine Zurückziehung der Libido von den Objekten der Außenwelt; es kommt zu einer tiefen Regression der Ich-Struktur.

In einem zweiten Schritt kommt es zur sogenannten Rekonstruktion. Dies bedeutet, daß ein (pathologischer) Wiederaufbau der Realität erfolgt. »Die von der Außenwelt zurückgezogene Libido besetzt das Ich, wodurch es um den Betrag der Libido, die an den Objekten haftet, vergrößert wird. Die Folgen sind Allmacht und Magie, auch Animismus und Größenwahn, Verlust der Ich-Grenzen und der Realitätsprüfung« (Nunberg 1931). Hierzu wieder ein Zitat aus dem Robinson-Roman:

> »Ich (...) blickte nun auf die Welt als einen weit entfernten Gegenstand, mit dem mich nichts verband, weder Hoffnung noch Begierde; mit einem Wort, ich hatte nichts zu tun mit ihr, noch würde ich jemals wieder etwas mit ihr zu tun haben. Die Welt erschien mir so, wie sie uns wohl dereinst in der Ewigkeit vorkommen mag, nämlich als ein Ort, an dem wir gewohnt haben, von dem wir aber wieder ausgezogen sind, und ich konnte zu ihr sagen wie Vater Abraham zum reichen Mann: *Es ist zwischen uns eine große Kluft befestigt*. Ernstlich war ich hier fern von allen Verführungen der Welt. Ich kannte weder Augen- noch Fleischeslust, noch hoffärtiges Leben. Ich kannte keine Begierde, denn ich hatte alles, was ich hier genießen konnte; ich war Herr über das ganze Gut, und wenn es mir gefiel, konnte ich mich König oder Kaiser nennen über das ganze Land, das in meinem Besitz war. Ich hatte keine Rivalen, keine Nebenbuhler, keinen, der sich um Herrschaft und Befehl mit mir hätte streiten wollen« (S. 175).

Hierbei handelt es sich um die Darstellung eines Größensystems, einer systematisierten und rationalisierten Größenphantasie, die nach und infolge der existentiellen (Weltuntergangs-)Angst auftritt. Ferner kommt es zur Aufrichtung eines Ordnungssystems. Diese Passagen des Romans, in denen die zwanghafte Ordnung, Berechenbarkeit und Beherrschung der Natur, der Menschen und Tiere, vor allem aber des eigenen Selbst dargestellt werden, sind geeignet, den Leser zu verärgern, zu indignieren, zu verstören.

Aber es stellt sich auch eine gewisse (vielleicht »geheime«) Bewunderung ein. Wenn man sich im Robinson-Roman die Darstellung ansieht, ist man fasziniert von den Finessen des Ordnens, des Buchführens, des Tagebuchführens, das Robinson stets mit »der Unordnung meines Gemütes« begründet. Um die Unordnung seines Gemütes zu beherrschen und zu beruhigen, wird er zum Buchhalter:

> »Wer jetzt meinen Keller gesehen hätte, hätte ihn für ein Haupt-Magazin aller lebensnotwendigen Dinge halten können; alles lag griffbereit da, und es machte mir viel Vergnügen, alle Dinge so geordnet und vor allem meinen Vorrat an allem Notwendigen so groß zu sehen. Zu diesem Zeitpunkt fing ich erstmals an, Buch über meine täglichen Beschäftigungen zu führen, denn am Anfang war ich in zu großer Unruhe gewesen, nicht allein der Arbeit wegen, sondern wegen der Unordnung meines Gemüts, und so wären viele abgeschmackte Sachen hineingekommen« (S. 95).

Robinson schreitet jetzt zum systematischen Abstecken seines Reviers. Er schlägt einen Halbkreis, einen »magischen Zirkel« um seine Höhle und sein von ihm gebautes Haus, schlägt Pfähle ein, die an Totempfähle gemahnen. Er entwickelt Riten, seine Gesundheit zu erhalten und zu verbessern, eine möglichst perfekte Körperhygiene und eine besondere Beachtung seiner Körperfunktionen zu entwickeln, eine genaue Einteilung der Mahlzeiten, der Arbeitszeit, des Tagesablaufs zu organisieren, die Jahreszeiten zu beobachten, festzuhalten, vorauszuberechnen, das Wetter seiner Kontrolle zu unterwerfen, einen Kalender, eine Ordnung, ja Organisation der Zeit ins Werk zu setzen und eine – wie er es in schöner Vorausnahme moderner Volkswirtschaft nennt – »Vorratswirtschaft« anzulegen, die ein fast perfektes Ausmaß hat. Er kann schließlich sagen: Meine Majestät, das Ich, hat die totale Kontrolle und Herrschaft über die Insel errichtet. Neben mir ist niemand.

Und doch fühlt er sich immer wieder bedroht. Wie unter einem Wiederholungszwang kommen in winzigen oder auch größeren Ausmaßen Ängste auf, verschlungen zu werden. So werden bei der Entdeckung der kannibalischen Reste die Angst des Verschlungen- und Aufgefressenwerdens, aber auch die Einschränkung des Bezirks, die Infragestellung seines majestätischen Königreichs aktuell.

Der traumatische Kernsatz, die *zentrale Angstphantasie* des Buches von Robinson kann wie folgt formuliert werden: Aus Furcht, verschlungen zu werden, geht Robinson auf die »Wilden«, auf die Kannibalen zu, um sie zu bekämpfen, sie zu töten. Er erschießt einige, wie er sagt, aus einer »Begierde heraus«. Robinson entwickelt eine ausgesprochene Jagdbegierde, diese Menschen zu töten. Hier können wir beobachten, daß die Angst vor dem Verschlungenwerden mit der Begierde, auf das Verschlingende zuzugehen – in diesem Sinne nicht nur auf das Meer, auf das er so gerne wollte, sondern auch auf die verschlingenden Kannibalen –, eng korrespondiert und einander bedingt.

Als Robinson Freitag aus der Gewalt der Kannibalen befreit, bekehrt er ihn zu einem Christen und zu einem »Untertan«, wie er ihn nennt. Mit Untertanen sei er jetzt reichlich gesegnet; er verfügt über eine ganze »Armee«, wobei er in seine Armee auch seine Haustiere eingereiht hat und als seinen »Generalissimus« seinen Untertanen Freitag. Es kommt schließlich zu der Apotheose Robinsons, der sich als gottähnlicher Herrscher erlebt und von Freitag feiern läßt. Er entwickelt Strategien militärischer Art. Er bezeichnet sich als Gouverneur der Insel, der über die Gerichtsbarkeit verfügt, das Gesetz entwirft und erläßt und als Gerichtsherr sowie als Kriegsherr über die Insel herrscht, immer flankiert von peinlich genauer Absicherung der Erhaltung und Sicherung seines Besitzes durch ein exaktes Ordnungssystem.

Freitag wird für Robinson zu einem idealen, aber gleichzeitig niemals selbständigen Spiegelobjekt. Er wird religiös, gehorsam, ordentlich, körperlich kräftig und geschickt, und: Freitag hat sehr große Liebe und Achtung für seinen Vater. Freitag nimmt also Züge des idealen Selbst des Robinson an. Aber dieses narzißtische Spiegelobjekt erscheint gleichzeitig entwertet. Freitag bleibt erniedrigt zum »armen Wilden« und gibt Robinson die Gelegenheit zur Selbsterhöhung und zur »Gerührtheit« über die »Armseligkeit« des Wilden.

Welche *Schlußfolgerungen* lassen sich aus dem Gesagten ziehen? Der Robinson-Roman – und nicht zuletzt dieses Moment übt wohl den starken Reiz auf seine Leser seit der Zeit seiner Entstehung aus – zeigt den Konflikt zwischen Trieb und Triebverzicht, zwischen Es und Über-Ich im klassischen psychoanalytischen Sinne besonders deutlich. Man könnte geradezu sagen, daß der Robinson-Roman eine literarische Illustration von Freuds Schrift *Das Unbehagen in der Kultur* (1930) ist, und daß Trieb- und Lusteinschränkungen als Preis für die Kulturentwicklung entrichtet werden müssen. Es ist allerdings eine bittere Parabel, so, wie Defoe sie mit seinem Robinson entwirft. Und sie zeigt geradezu klinisch deutlich, wie die Errichtung einer Hochkultur mit Angst und Leiden erkauft werden muß, durch eine – so darf man wohl bereits im Falle Robinsons sagen – hochindustrialisierte und hochorganisierte Kulturleistung.

Es handelt sich bei Robinson nicht um die Darstellung einer Psychose; Robinson ist ganz offensichtlich von Defoe nicht als Psychotiker gemeint. Und doch eignet sich das psychoanalytische Modell der Psychosendynamik zur Beschreibung der Robinsonschen Existenz, zur Begründung ihrer Entwicklungslinien. Es stellt sich die Frage: Handelt es sich hier um generelle Entwicklungssituationen des modernen Kulturmenschen? Hat dieses Buch insoweit nicht höchste Aktualität und wird dadurch – vielfach beim Leser gänzlich unbewußt – nicht die unverminderte Rezeption, der unverminderte Bekanntheitsgrad dieses Buches aus einer Zeit, deren literarische Produktionen heutzutage weitgehend vergessen sind, am Leben erhalten?

Könnte man vielleicht sogar von einem *Robinson-Syndrom* sprechen? Ist es so, daß die Vorgänge, die von der Angst zur Ordnung führen, von jener Art sind, die wir bei vielen in der heutigen Gesellschaft wie auch in der Vergangenheit beobachten können, und die ihnen auch im überindividuellen Sinne hohe und kritisch zu sehende Aktualität verleiht?

Robinson ist kein Kranker, jedenfalls kein klinisch Kranker. Aber die Frage besteht, ob das System von Absicherung, von Macht und Herrschaft, von Kolonialisierung und Rangordnung, von Sicherung des Territoriums im individuellen wie im überindividuellen gesellschaftlichen und politischen Bereich aus Angst vor tiefer Regression und dem abgewehrten Wunsch danach, aufgerichtet wird. Es ist die Frage, ob eine Selbstauflösung, ein Rückgängigmachen der Geburt, eine Wiedervereinigung mit dem Mutterleib tief auf dem Grunde als eigentliche Ursache einer hohen Technifizierung, eines hochorganisierten Ordnungssystems zu entdecken ist. Schließlich: ob das gewünschte, aber auch gefürchtete Objekt in Fesseln geschlagen und kontrolliert werden muß, ob die Erde, ob das Meer, ob die Insel, ob die Höhle, ob die Natur, als Darstellung des Mutterleibes verstanden, kontrolliert, urbar gemacht, zivilisiert werden müssen, um sich der tiefen, existentiellen Angst auf diese Weise zu entledigen.

Wir werden im Robinson-Roman, wie in allen großen Dichtungen, an mythische Allgemeingültigkeit herangeführt; auf der Ebene des sublimierten Kunstgenusses werden uns archaische Urkonflikte nahegebracht, gleichsam »konsumierbar« dargeboten. Im Robinson-Roman haben wir einen solchen Mythos vor uns: daß zunehmende Kontrolle, als Reaktionsbildung gegen Wünsche und Ängste des Verschlungenwerdens durch eine archaisch-übermächtige Mutter-Imago aufgerichtet, am Ende ein neues regressives Vereinigungsbedürfnis zeitigt. Das Gefühl der Freiheit und Grandiosität mittels Anwendung moderner Technik erweist sich als brüchige Täuschung.

Die Entstellung klassischer Literatur als »Jugendliteratur«

Defoes Robinson-Roman führt uns zu der grundsätzlichen Frage, aus welchen Gründen klassische literarische Texte zu »Jugendbüchern« bearbeitet, oder, wie wir mit gutem Recht sagen können: entstellt werden. Auf einer harmlosen Oberfläche läßt sich diese Frage natürlich dahingehend beantworten, daß durch diese »kinder- und jugendtümlichen« Fassungen junge Leute zum Lesen gleichsam eingeladen werden, daß ihnen der Weg zur Rezeption klassischer Literatur möglichst geebnet und angenehm gemacht werden solle. Mit einer solchen lesepädagogischen Begründung können wir uns aber nicht zufrieden geben.

Vergegenwärtigen wir uns: Der antike Mythos, so, wie ihn etwa die griechischen Tragiker gestaltet haben, ist von Gustav Schwab zu den *Sagen des klassischen Altertums* reduziert worden, also zu Sagenerzählungen, denen nicht nur die sprachliche Gestaltung der attischen Dichter, sondern auch die archaisch-konflikthaften »Abgründe« tragischer menschlicher Situationen fehlen – die mythische und dichterische Gestaltung menschlicher Grundkonflikte wurde zu leicht faßbaren Erzählungen für die Jugend reduziert. Ebenso erging es den Sagenstoffen des germanischen Kulturkreises: Das *Nibelungenlied* wurde zu einer »Deutschen Heldensage«, die tiefen konflikthaften Auseinandersetzungen mit Schuld, Neid und Verrat wurden zu gefälligen Jugenderzählungen abgeflacht. Die orientalische Märchensammlung *Tausendundeine Nacht* wurde in zahlreichen Jugendbearbeitungen vor allem ihrer sexuellen Inhalte beraubt, wurde zu spannenden Abenteuererzählungen zurückgestuft. In allen Fällen können wir eine Erniedrigung und Begradigung des Archaisch-Erschreckenden, des Sexuell--Versucherischen, des Konflikthaft-Ängstigenden zu den »idyllischen« Bahnen von handlungsreichen Jugenderzählungen feststellen.

Krasser noch fallen uns die Eingriffe in klassische Dichtungen neuerer Zeit ins Auge. Der *Don Quijote* des Cervantes geriet vielen Jugendbearbeitern zum aktionsreichen Ritterroman – die ironische Auseinandersetzung mit Vergänglichkeit und Tod, die Entlarvung des über menschliche Verhältnisse gelegten schönen Scheins wird unterschlagen. In den Jugendbearbeitungen von Swifts *Gullivers Reisen* wird dem jugendlichen Leser vorenthalten, daß es sich bei dem Original um eine scharfe und ironisch-distanzierte Abrechnung mit menschlicher Größe und Kleinheit handelt, um die Fragwürdigkeit und Wandelbarkeit im Erleben des eigenen Körperbildes, die immer wieder an psychotische Wahrnehmungen gemahnt.

Der *Robinson Crusoe* erfuhr besonders zahlreiche Jugendbearbeitungen: J. H. Campe machte daraus einen pädagogischen Traktat, Wyss (*Die Schweizer Familie Robinson*) bemühte sich um die Förderung bürgerlich-intakter Familienstrukturen, und damit um eine Abschottung des Ungeborgenen, Ängstigenden und Chaotischen.

Es ist nicht zu viel gesagt, daß alle diese bemühten Bearbeiter nicht nur Verleugner des kindlichen und jugendlichen Phantasielebens sind, wie sie auch Freud bei seinen Erkenntnissen über die kindliche Sexualentwicklung entgegentraten (»Die Psychoanalyse ist keine Angelegenheit der Wissenschaft, sondern der Polizei«, wie der Psychiater W. Weygandt gesagt haben soll). Vielmehr dürfen wir sie mit Recht auch als Betrüger bezeichnen: Durch die Unterdrückung des in den Werken gestalteten Sexual- und Konfliktpotentials enthalten sie der kindlichen Psyche Reifungs- und Erkenntnismöglichkeiten vor, die sie im Schutze der künstlerischen Form hätten erwerben, sich aneignen können.

Ein besonderer Aspekt unserer Thematik besteht auch darin, daß verschiedene Schriftsteller im Zuge ihrer literarischen Entwicklung bemerkenswerte Einbrüche in der Publikumsgunst und -akzeptanz erlitten, als sie sich von den an sie gehefteten Erwartungen als unterhaltsame Abenteuerschriftsteller entfernten. Als Beispiele seien Herman Melville und Karl May genannt.

Melville war äußerst erfolgreich mit seinen Abenteuerromanen (*Typee* und *Omoo*) gewesen und erfuhr einen deutlichen Abschwung in der Publikumsgunst, als er *Moby Dick* veröffentlichte. In allen »Jugendbearbeitungen« seines großen Buches werden die entscheidenden Themen ausgeklammert oder »begradigt«: Die Auseinandersetzung mit einer allmächtigen, fressend-verschlingenden Mutter, symbolisiert durch den Wal, wird unkenntlich gemacht, die Ausführungen über die »Farbe Weiß« als Symbol des Todes werden unterschlagen. Daß Ahab wohl der erste – und eindrucksvollste – Vertreter jenes amerikanischen Männerbildes ist, das z. B. bei Hemingway immer wieder variiert wird: im Augenblick der scheinbar siegreichen »männlichen Bewährung« nicht die erhoffte Trennung und Unabhängigkeit von der Mutter zu erreichen, sondern gerade jetzt von ihr verschlungen und auf diese Art wieder mit ihr vereinigt zu werden (Ohlmeier 1991), wird in der Jugendbearbeitung übergangen und verschwiegen. Aber auch die »erwachsenen« Leser Melvilles wollten ihrem Autor auf diesem Wege in der Mehrzahl nicht folgen, denn der harmlose und spannende Abenteuerschriftsteller hatte sich zu einem Dichter gewandelt, der an den »Schlaf der Welt gerührt«, der »die Unterwelt bewegt« hatte (Freud 1900).

Auch *Karl May*, der »deutsche Volksschriftsteller«, machte eine für seine Lesergemeinde enttäuschende und befremdende Wandlung durch. Sowohl in seinen frühen Kolportage-Romanen als auch in seinen *Reiseerzählungen* hatte er das Abenteuerinteresse seiner Leser befriedigt und gesättigt. In seinem Spätwerk dagegen, entstanden nach einer schweren psychischen Krise, fügte er seinem Leserpublikum eine erhebliche Kränkung zu, indem er dunkel-symbolische Romane zu schreiben begann, die eine Reflexion und Spiegelung eigener Identitätsprobleme versuchten. Daß Karl May sich in seinen letzten Romanen dem Identifizierungsbedürfnis seiner Leser mit dem siegenden Helden verweigerte und ihnen statt dessen zumutete, in das Halbdunkel grenzpsychotischen Identitätszerfalls hinabzusteigen, mußte als eine tiefe narzißtische Kränkung auf die

Leserschaft wirken. May erschien seiner Lesergemeinde fortan als ein Abtrünniger, der nicht mehr ihre Sprache sprach, als ein Außenseiter, der folgerichtig zur Zielscheibe von Angriffen und öffentlichen Entwertungen werden mußte.

Auch das Werk Karl Mays ist Gegenstand zahlreicher Bearbeitungen geworden, die den Autor als Jugend- und Volksschriftsteller »bereinigen« und gleichsam arretieren oder sogar politischen Ideologien anpassen sollten. Nach jahrzehntelangen Bearbeitungen der May-Romane, in denen alles inhaltlich Subversive bis in die Sprache hinein (es fand eine konsequente »Eindeutschung« aller fremdsprachlichen Formulierungen bis hin zur Angleichung an die Nazisprache des Dritten Reiches statt) unterdrückt und entstellt wurde, sind erst in jüngster Zeit wieder die Originaltexte dieses Autors der Forschung – wohl kaum aber dem »geneigten Leser« – zugänglich geworden.

Das öffentliche Bild des Autors May bleibt aber wohl unverändert das eines harmlosen Jugend- und Abenteuerschriftstellers, dessen konflikthafte Untiefen, dessen Grenzgänge am psychotischen Identitätszerfall, wenn schon nicht verleugnet oder »wegbearbeitet«, so doch als zu vernachlässigende »Jugendsünden« oder »Altersverirrungen« mit dem Mantel des Schweigens bedeckt werden. Ernst Bloch (1935) hat nur einen Teil der Wahrheit ausgesprochen, wenn er meinte, May »wäre einer der besten deutschen Erzähler gewesen, und er wäre vielleicht der beste schlechthin, wäre er kein armer, verwirrter Prolet gewesen«. Es war der Identifizierungshunger der Lesergemeinde mit dem eindimensionalen Abenteuerhelden, der die Zurkenntnisnahme der wahren Existenz des Autors und seiner »Wildträume, gleichsam reißenden Märchen« (Bloch 1935) verbot.

Wir können festhalten: Die sogenannten Jugendbearbeitungen haben erfolgreich versucht, klassische und »schwierige« literarische Werke eindeutig und vordergründig zu machen; die *Mehrdeutigkeit* – oder überhaupt die Chance der Deutbarkeit – mußte beseitigt werden. Der auf den ersten Blick rätselhafte *archaische* Fundus, der ein großes literarisches Werk ausmacht, das nicht nur menschliche Urkonflikte gestaltet, sondern den Leser zur persönlichen Aktualisierung dieser Konflikte nötigt, sie in ihm reinszeniert, mußte beseitigt werden. Die Mehrdeutigkeit, wie sie schon der »Gegensinn der Urworte« (Freud 1910) ausdrückt, mußte, im Sinne einer *Entarchaisierung*, der Herstellung einer planen Eindeutigkeit weichen. Eliminiert werden in den Bearbeitungen insbesondere die Erscheinungsformen der infantilen Sexualität, die als chaotisch gefürchtete Desintegration der Persönlichkeit, Ratlosigkeit, Depression und Ambivalenz – aber auch die ironische Distanziertheit und kritische Reflexion gegenüber den Bedrohungen und Unsicherheiten der menschlichen Existenz, wie wir es in den erwähnten Jugendbearbeitungen des *Don Quijote* und des *Gulliver* vorgeführt bekommen. An die Stelle der Reflexion, der Analyse und Deutung wird die simple *Aktion* gesetzt, und wir erkennen den Abwehrmechanismus des acting out, der die analytische Situation und den intrapsychischen Prozeß vermeiden will.

Ist es zu viel gesagt, wenn wir nicht nur von einer Entarchaisierung und Entpoetisierung, sondern geradezu von einer *Traumvernichtung* sprechen, die durch die Eliminierung alles Beunruhigenden und »Anstößigen« erreicht werden soll? Es läßt sich erkennen, daß nicht erst die heutige Zeit in postmoderner Oberflächlichkeit auf veräußerlichte »Action« setzt, sondern daß wir es vielmehr mit einer Spätform des alten Widerstandes gegen die Akzeptation und Reflexion des Archaischen und Chaotischen zu tun haben.

Wir verkennen aber auch eine Gegenströmung nicht: Wenn zwei moderne Dichter, Michel Tournier (1988) und Adolf Muschg (1993), in ihren Weiterführungen des Robinson- und Parzival-Stoffes das Wesen der alten klassischen Bücher als Spiegelungen und Durcharbeitungen der menschlichen Existenz neu reflektieren, so kann uns das zeigen, daß die »Stimme der Vernunft« letztlich gehört wird, daß die Kraft der Kreativität auch in heutiger Zeit nicht zum Erliegen gekommen sein mag.

Literatur

BALINT, M. (1959): *Angstlust und Regression*. Klett, Stuttgart. – Originalausgabe: *Thrills and Regressions*. Hogarth Press, London 1959

BERNA, J. (1966): *Die Pubertätsrevolte in Robinson Crusoe*. In: Hochheimer, W., Berna, J.: *Almanach 1966*. Institut für Psychotherapie und Tiefenpsychologie. Konflikte der Generationen. Stuttgart

BLOCH, E. (1935): *Erbschaft dieser Zeit*. Suhrkamp, Frankfurt/M. 1973

DEFOE, D. (1973): *Robinson Crusoe*. Übersetzung von Hannelore Novak. Insel, Frankfurt/M.

FREUD, S. (1900): *Die Traumdeutung*. In: Gesammelte Werke. Band II/III. Fischer, Frankfurt/M.

– (1910): *Der Gegensinn der Urworte*. In: Gesammelte Werke. Band VIII. Fischer, Frankfurt/M.

– (1911): *Psychoanalytische Bemerkungen über einen autobiographisch beschriebenen Fall von Paranoia (Dementia paranoides)*. Gesammelte Werke. Band VIII. Fischer, Frankfurt/M.

– (1924): *Neurose und Psychose*. In: Gesammelte Werke. Band XIII. Fischer, Frankfurt/M.

– (1930): *Das Unbehagen in der Kultur*. In: Gesammelte Werke. Band XIV. Fischer, Frankfurt/M.

MUSCHG, A. (1993): *Der Rote Ritter. Eine Geschichte von Parzival*. Suhrkamp, Frankfurt/M.

NUNBERG, H. (1931/1959): *Allgemeine Neurosenlehre auf psychoanalytischer Grundlage*. Huber, Bern/Stuttgart

OHLMEIER, D. (1985): *Das psychoanalytische Interesse an literarischen Texten*. In: Hörisch, J., Tholen, G. C. (Hrsg.): *Eingebildete Texte*. Fink, München

– (1991): *Psychoanalytische Bemerkungen zum Bild des Mannes in der amerikanischen Literatur*. Materialien aus dem Sigmund-Freud-Institut Frankfurt 11, 6-17

RANK, O. (1924): *Das Trauma der Geburt und seine Bedeutung für die Psychoanalyse*. Internationaler Psychoanalytischer Verlag, Leipzig/Wien/Zürich

SCHMIDBAUER, W. (1981): *Die Ohnmacht des Helden*. Rowohlt, Reinbek

TOURNIER, M. (1988): *Freitag oder Im Schoß des Pazifik*. Fischer, Frankfurt/M.

Psychoanalytische Bemerkungen zur sogenannten Trivialliteratur

Von HARALD LEUPOLD-LÖWENTHAL

»Mein Stil ist also meine Seele«
Aus: *Mein Leben und Streben* von Karl May

»Uns ist daran gelegen, dass die Welt uns lese und gern lese; darum kümmern wir uns auch nicht, es ist uns einerley, was ihr von uns schmiert, wenn wir nur den Ton treffen, in welchem Herz und Sinne unseres Zeitalters gestimmt sind.«

Mit diesen Worten entgegnet Carl Gottlob Cramer, beliebter Autor von 93 Ritter-, Räuber- und Geisterromanen, 1797 August Wilhelm Schlegel und seinen Freunden, die den Trivialroman ihrer Zeit heftig kritisieren. Im *Don Quichote* ist den Verheerungen, die diese Literatur angeblich angerichtet hat, ein dichterisches Denkmal gesetzt, und es gibt seit der Erfindung der Buchdruckkunst wohl keine Zeit, in der nicht über eine bestimmt Literaturform, nämlich jene, die hier vorweg einmal mit dem Etikett trivial versehen werden soll, in der heftigsten Weise hergezogen wurde. Die offizielle Literaturwissenschaft hat dieses Phänomen bis in die jüngste Zeit vernachlässigt, obwohl die Bedeutung schon rein statistisch viel ungeheurer ist, als man bei einer so schuldbewußter allgemeiner Verdrängung anheimfallenden psychischen Bildung als Psychoanalytiker ohnedies schon anzunehmen geneigt ist.

Da haben knapp vor dem Ersten Weltkrieg in Deutschland 43 000 Kolporteure jährlich rund 20 Millionen Leser mit solcher Literatur beliefert, da existieren heute von den Romanen E. Marlitts, die seinerzeit der Gartenlaube zu gewaltigen Auflagensteigerungen verhalf, derzeit fünf verschiedene Neuausgaben, gar nicht zu sprechen von Karl May, der nach Freiwerden der Rechte in wohl ein Dutzend verschiedener Ausgaben vorliegt, bis 1963 23 Millionen Bände Auflage hatte und mit einigen seiner Bände sogar im Ostblock wieder verbreitet ist. Man kann den *Čierny Mustang* in

Pressburg kaufen, und er wurde erst 1966 von Teofil Usak ins Slowakische übersetzt. Hans Dominik erreichte mit seinen Zukunftsromanen, die die Welt am deutschen technischen Wesen immer wieder genesen ließen, eine Auflage von 2,8 Millionen. Hedwig Courths-Mahler hat in 35 Jahren 206 Titel, meist Romane geschrieben, die Gesamtauflage wird alleine für Deutschland auf 100 Millionen geschätzt, Übersetzungen existieren in sieben Sprachen. Man könnte die Zahlenreihe, soweit halbwegs verbürgtes Material vorliegt, unendlich fortsetzen.

Aber nicht nur im deutschen Sprachraum kann man dieses Phänomen nachweisen, schon 1741 läuteten in englischen Kirchen die Glocken, als Pamela, die Heldin von Richardsons Fortsetzungsroman, heiratete. Als Sir Conan Doyle Sherlock Holmes eng umschlungen mit seinem Erzfeind Prof. Moriarty in die Reichenbacher Ache stürzen ließ, um sich endlich neuen Themen widmen zu können, war dies nicht das Ende des großen Detektivs, denn eine empörte internationale Leserschaft forderte seine Wiederauferstehung mit Worten wie »Sie Mörder Sherlock Holmes'«, bis er dann aus Lhasa wiederkam.

Maurice Leblanç verdankt es nur Arsène Lupin, dem Gentleman-Einbrecher, daß er mehr wurde als ein anonymer Journalist, und er wurde zum Vater einer Reihe ähnlicher Helden, es sei nur an Leslie Charteris' Saint und Hornungs Raffles erinnert, deren würdiger Epigone heute James Bond ist.

Eine Ahnung von der Wirksamkeit des Trivialromans gibt uns das Beispiel von Sir John Retcliffes *Biarritz*. Sir John Retcliffe, in Wirklichkeit Hermann Goedsche, neben Karl May und Robert Kraft der dritte Sachse im leuchtenden Dreigestirn des deutschen Trivialliteraturhimmels, hat in diesem historisch-politischen Trivialroman in 8 Bänden, in einem Kapitel des 1. Bandes mit dem Titel *Auf dem Judenkirchhof in Prag* eine geheime nächtliche Versammlung zur Zeit des Laubhüttenfestes geschildert. Die Vertreter der Zwölf Stämme Israels treten unter dem Vorsitz des Stammes Levi zusammen. In mehreren Reden wird ein teuflisches jüdisches Komplott zur Erlangung der Weltherrschaft besprochen. Ein deutscher Gelehrter und ein getaufter Jude aber haben alles belauscht und wollen den Kampf aufnehmen. Dem 1866 geschriebenen folgt 1872 die Veröffentlichung der Rede des Leviten in russischer Sprache in Petersburg, wobei noch angemerkt wird, daß es sich um ein Literaturerzeugnis handelt. Aber schon 1881 wird diese Rede in Frankreich – sie fand dann später unter dem Titel *Die Rede des Rabbiners* weite Verbreitung, als echt hingestellt.

In seinem Buch *Les Juifs, nos contemporains,* 1896 geschrieben, enthüllt François Bournand: »... das wahre Programm der Juden finden wir ausgedrückt bei ... dem Grossrabbiner John Retcliffe. Es ist eine im Jahre 1880 gehaltene Rede.«

1933 wird dieser Retcliffe alias Goedsche in Schweden zum antisemitischen Helden und englischen Diplomaten, der wegen seiner Enthüllung des jüdischen Komplottes umgebracht wurde! *Habent sua fata libelli!* Es soll hier nicht auf die einzelnen Spielarten der Trivialliteratur weiter eingegangen werden, die Grundformen typischer Ausprägung möchte ich als bekannt voraussetzen (etwa Western, Science Fiction, Dorfgeschichte, Detektivroman, um nur einige zu nennen).

Eine große Unterteilung muß aber gemacht werden. Ich glaube, daß man grundsätzlich unterscheiden muß zwischen den Produktionen, die im Rahmen von Heftserien, Illustrierten- und Leihbibliotheksromanen gewissermaßen automatisch, ohne affektive Beteiligung des Autors, fabrikmäßig produziert werden, und jenen, die eine starke affektive Beteiligung des Schreibenden, sein Bedürfnis nach einem Publikumskontakt und eine in der Wirkung über die ephemere Eintagslektüre hinausgehende Beständigkeit durch viele Jahre zeigen.

Hier findet sich erst die Trias von Autor, Herstellungsweise und Publikum – in den meisten Fällen handelt es sich um eine Lesergemeinde – voll ausgeprägt.

Meine Untersuchungen zur Trivialliteratur beziehen sich auf Autoren dieser Gruppe. Auf Autoren also, die ein relativ umfangreiches Werk produzierten, die eine möglichst gut dokumentierte Biographie bzw. Autobiographie aufweisen und die sich schließlich über ihren Schaffensprozeß möglichst dezidiert und präzise geäußert haben. So haben mir in erster Linie Karl May, Robert Kraft und E. Marlitt zur Untersuchung gedient, aber auch E. Rice Burroughs, der Erfinder des Tarzan, und John Carter of Mars, Sir John Retcliffe, Agnes Günther, Paul de Kock, Eugène Sue und andere haben zusätzliches Material geboten. Die Untersuchungsmethode ist die der angewandten Psychoanalyse. Es geht aber nicht darum, die Existenz des Ödipuskomplexes zum 397. Mal nachzuweisen, es geht um eine Anwendung etwa in dem Sinne, den Freud im Vorwort zum Wilson-Buch beschrieben hat. Nicht die Aufzeigung pathologischer Phänomene, sondern die Identifizierung der quantitativen Vorgänge in bestimmten Teilen des psychischen Apparates ist bedeutsam, denn sie bestimmen die endgültige Form der Persönlichkeit, prägen ihr eine gewisse Individualität auf und lenken ihre Aktivität in eine bestimmte Richtung.

In der Trivialliteratur geht es immer um Stilisierung, die sich nicht an der Wirklichkeit, sondern an den Tagträumen des Autors und seines Publikums orientiert. Dies führt zu einseitiger Abstraktion, die schließlich in einer charakteristischen Pseudorealität ihren Niederschlag findet.

So befinden wir uns in der Welt der Nur-Erfolgreichen, das Gute siegt immer, der Held ist unverletzlich, die eigene Gruppe immer die bessere. Eigene Pathologie wird gewissermaßen zum Stilkriterium, und dies kommt in bestimmten stilistischen Vorlieben deutlich zum Ausdruck, die von der Disposition des Autors und seiner Gemeinde bestimmt werden. Man denke an Reinhold Conrad Muschler, der in seiner Novelle *Die Unbekannte* (aus der Seine). etwa schreibt: »Ihre Arme umschlangen ihn, ihr Mund näherte sich dem seinen ..., und ganz fern sang eine Nachtigall ... mit einem weißen Rosenblatt trocknete er ihre Tränen. Lichtkäfer irrten im Gezweig. Wasser sangen am Felsen. Neben den Liebenden schritt die silberne Nacht durch das ruhende Land.«

Die Häufung bombastischer Adjektiva und überspannter Bilder gaukelt eine Welt der Poesie und Schönheit vor, ein Lebensgefühl ästhetischer Überhöhung, das die Realität versinken und vergessen läßt. Da kann man nur mit Jimmy Mahoney sagen: »Das ist die wahre Kunst ...«

Verschwommene und übersteigerte Sprachformen, gesuchte Ausdrucksweise, die Verwendung »feiner« Fremdworte, wie bei Courths-Mahler, der Gebrauch fremdsprachiger Brocken wie bei Karl May (»Thunderstorm, Meschurs, der Railroader hat mein Ticket nicht gelocht«) dienen alle dem Zweck, ein falsches Realitätsgefühl zu schaffen.

Handelnde Personen werden typisiert. Old Shatterhand, das Seelchen der Agnes Günther und der Detektiv Nobody des Robert Kraft erwachsen trotz der Ausführlichkeit ihrer Schilderung nie zu einer Individualität, und selbst zu Winnetou fällt einem eigentlich nur »Silberbüchse« ein und nichts, was seinen Charakter, seine Persönlichkeit ausmachen und ihn wirklich motivieren würde. Das Attribut ist wichtiger, wird zum einzig wesentlichen Charakteristikum. Old Shatterhand braucht nur seine Gewehre ins Futteral zu stecken, und niemand erkennt ihn. Die Figuren werden entweder zur Karikatur übertrieben, oder zum *Tableau vivant* petrifiziert. Allen gemeinsam ist eine statische Unberührbarkeit und Unwandelbarkeit, je mehr ihr eigenes inneres Leben verkümmert, um so mehr wird Wert auf ihr Äußeres gelegt. Man denke an Karl Mays seitenlange Beschreibung des Sam Hawkens im *Winnetou I* oder auch an die Figuren des Robert Kraft – etwa den Steuermann Richard Jansen aus *Wir Seezigeuner*. Gerne führen sie »charakteristische« Redewendungen wie eine Firmenmarke (»Me Tarzan You Jane, wenn ich mich nicht irre, hihihi«).

Ein modernes Beispiel dieser Technik bilden die James Bond-Romane Ian Flemings. Der Held ist durch seine Berretta-Pistole und seine Vorliebe für schöne Frauen und vor allem und besonders durch seine Nummer »007« attributiv gekennzeichnet – fast möchte man sagen: numeriert.

Exakte Materialbeschreibung der Kleider und exakte Angabe des modischen Zubehörs charakterisieren die Frauengestalten, die auswechselbar sind und in Japan wie in England, in Frankreich, wie in den Kariben einander wie Zwillinge gleichen. James Bond tut auch immer dasselbe mit ihnen. Wir finden keine Konsequenz in der Durchführung der Figuren, der Held entwickelt sich nicht, er bleibt immer gleich, er altert nicht, wie Simon Templar, der »Saint« des Leslie Charteris heute noch mit der jugendlichen Nonchalance des modernen Bukaniers sich gibt, obwohl der etwa 25jährige 1920 zum erstenmal aufgetreten, heute schon 75 Jahre alt sein müßte. Wir werden an die Helden der Tagträume unserer Patienten erinnert.

Die Nebenfiguren der Romane werden zu Trägern der Handlungsstaffage. Sie handeln nicht aufgrund einer psychischen Befindlichkeit oder inneren Notwendigkeit, die der Autor etwa aufzuzeigen versucht, sondern weil etwas geschehen muß, sie machen die Fehler, damit z. B. der Abenteuerroman nicht vorzeitig durch die allzu große Überlegenheit des Helden endet. So werden die Abenteuerromane zu reinen Aktionen im zeitlosen Raum, bei denen der ständige Szenenwechsel Motivationen und Entwicklung ersetzt. Es gibt nur ein äußeres Geschehen.

Dasselbe Schema, dieselben Modelle zeigen die anderen Typen der Trivialromane. Der Aktionsraum des Abenteuers ist bei ihnen durch das Milieu ersetzt.

Bei der Schilderung von Aktionsraum und Milieu finden wir Stereotyp und Stilisierung als bequeme Assoziationsvorlagen. Die Pseudorealität wird erreicht durch das Hinstellen von Klischees, »die weite Prärie«, »der vornehme Salon«, »der dunkle Tann«, lösen Assoziationsketten aus, wie im Schlager: rote Sonne, blaues Meer und roter Wein: Capri! Attribute und Kleindetails erzeugen den gewünschten Eindruck der Authentizität. So führt ein Realismus der Nebenumstände zu einer Täuschung durch korrekte Details. Mit Telefonbuch und Baedecker läßt sich Paris trefflich vorstellen. Karl May hat dies mit einer kleinen Bibliothek guter Geographiebücher ausgezeichnet verstanden – und man hat ihm seine Reisen lange geglaubt.

Im Trivialroman ist die reale historische Bezogenheit meist ausgeklammert, denn die Tagtraumsage ist zeit- und geschichtslos wie das Unbewußte, eine zeitliche Lokalisation des Geschehens wird nur akzidentell eingesetzt, ändert nichts wesentlich am Handlungsklischee. In *Die Ahnen* von Gustav Freytag, Standardwerk für den deutschen Rundbaubücherkasten, werden immer wieder, wenn auch in wechselndem historischen Kostüm, die nämlichen Konflikte und die Befindlichkeit einer deutsch-nationalen Kleinbürgerfamilie durch die Jahrhunderte hin abgehandelt.

Karl May hat dies von sich selbst sehr deutlich gesagt: »Man sieht, dass ich ein echt deutsches, also ein einheimisches Rätsel in ein fremdes, orientalisches Gewand kleide, um es spannender zu machen und anschaulicher lösen zu können.« Dem schließt sich die Stimme eines Karl-May-Lesers an, der in seiner Schrift *Mein Weg zu Karl May und zur Jugendbewegung* meint, der Autor habe ihm Ausblicke eröffnet: »... weit hinaus über die Grenzen des bürgerlichen Nützlichkeitsfanatismus in ein Reich des Geistigen, in eine Welt, wo der Mensch noch als Edelwesen anerkannt wird und nach Vollendung strebt. Er gab der Jugend: Erhebung, Hoffnung, geistiges Neuland, Zukunft.«

Courths-Mahler bezeichnet ihre Werke als »harmlose Märchen, mit denen ich meinem Publikum einige sorglose Stunden zu schaffen suche«. Was aber die Leser sonst noch wollen, scheint mir aus dem Schluß eines zeitgenössischen Heftromans hervorzugehen, der da lautet: »... weil die Liebe es ist, die dieser Welt einen schwachen Schimmer von dem verleiht, was sie einmal gewesen ist – ein Garten Gottes, der Garten Eden. Ann sieht Anselm an. Anselm schaut auf Ann. Zwischen ihnen steht Bärbel. Vor ihnen liegt die Zukunft.«

Die Trivialliteratur, soweit wir sie bis jetzt betrachtet haben, nimmt sich der Wunschträume des Publikums an, sie erspart ihm gleichzeitig, die Motivation dieser Wunschträume zu erkennen und zu verändern. Die enge Wechselwirkung von Autor und Publikum ist eines ihrer spezifischen Charakteristika. Deshalb sind die Mittel, derer er sich bedient, und die Funktion, die sie im jeweiligen kulturhistorischen Zusammenhange haben, von großer Bedeutung. Davon hängt ja letztlich auch ab, daß bestimmte psychische Neigungen und Persönlichkeitszüge des Autors zu einer bestimmten historischen Zeit oder auch Zeitspanne zum Massenerfolg führen, einem Massenerfolg jener beachtlichen Überlebenskraft, der eines der Hauptkennzeichen dieser von mir hervorgehobenen Art von Trivialliteratur ist.

Die Bevorzugung bestimmter Autoren in bestimmten Perioden, deren Erfolge in anderen undenkbar gewesen wären, hängt nicht nur von der von Freud angenommenen »Flexibilität der Verdrängung« beim Autor ab, von seiner Grenzlage zur Pathologie und deren Überwindung im kreativen Vorgang. Sie dürfte doch auch ähnlichen Mechanismen folgen, wie sie im allgemeinen die Auswahl der Führerschaft in anderen Bereichen bestimmen. Die Struktur bestimmter politischer Situationen zieht jeweils bestimmte Persönlichkeitstypen als Hauptakteure an.

Der Volksschriftsteller – so werden ja Trivialautoren der von mir beschriebenen Gattung gerne genannt – dürfte aufgrund seiner spezifischen psychischen Befindlichkeit, um nicht zu sagen Pathologie, die Teilnahme jener Lesergemeinde hervorrufen, deren Prädisposition zu einer gegebenen Zeit er erfüllt. Und dieser Prozeß ist natürlich gegenläufig.

Kris meint, daß jene Autoren, deren kreative Fähigkeiten näher einer potentiellen Persönlichkeitspathologie liegen, eher in sogenannten »romantischen« Perioden erfolgreich sein werden als in den »klassischen«. Im Bereich der Trivialliteratur ist das romantische Bedürfnis und seine Wirkung keineswegs fluktuierend. Es ist allgegenwärtig. Damit ist aber die Annahme getroffen, die ich beweisen möchte, daß es nur bestimmten, nahe der potentiellen Pathologie verankerten Persönlichkeiten überhaupt gelingt, auf Dauer erfolgreich Trivialliteratur zu produzieren. Es geht also nicht um jene Autoren, die die Tagträume der anderen ökonomisch auswerten, es geht um eine viel komplexere Interessen- und Bedürfnislage, es geht um eine Verstricktheit von Autor und Lesergemeinde mit viel intimerem Gepräge. Hier wird nicht mit fremden Tagträumen gehandelt, hier sind die eigenen das Material, das aufbereitet und dargeboten wird. Die Produktionsmethoden sind häufig denen der Heftschreiber sehr ähnlich, es kommt aber das persönliche Bedürfnis des Autors hinzu. Er *muß schreiben*. Und das, so scheint mir, ist der Teil seines Erfolges. Eines Erfolges, dessen psychologisches Verstehen aber auch Einblick gibt in die Wirkungsweisen der Massenbeeinflussung überhaupt, und es hat sich mir doch – um ein Ergebnis vorweg mitzuteilen – der Eindruck vermittelt, daß der eiskalte Manipulator der Massen wohl eher in den Bereich der Trivialmythe gehört, der engagierte Agitator der einzig wirksame ist, worin aber Gott sei Dank auch seine Limitation liegt.

Die affektive Beteiligung der Autoren wird deutlich in ihrer Beschreibung eigener Schaffensweise. Robert Kraft teilt z. B. mit: »Unbewußt legen sich meine Finger auf die Tasten der Schreibmaschine, und so beginne ich zu schreiben, Stunde um Stunde. Was ich schreibe? Ich weiß es nicht. Ich schreibe ganz unbewußt. Aber wenn ich es hinterher lese, so hat alles, was man sagt, Hand und Fuß. Ich bin ein Trance-Schreiber. Nicht die Sphinx diktiert, nein, es ist meine eigene Phantasie, und ohne meine eigenen Erlebnisse und Erfahrungen wäre dies alles gar nicht möglich. Meine ganze Entwicklung war dazu nötig.«

Später gibt er dann eine Erklärung: »Es ist nicht anders als mit den Träumen. Wir können den Inhalt unserer Träume doch ebenfalls nicht bestimmen. Bei mir ist es ein Träumen in wachem Zustand. Oder doch im halbwachen. Denn ganz wach bin ich nicht. Während des Schreibens weiß ich absolut nicht, was um mich her vorgeht, und wenn ich aufhöre, weiß ich nicht, ob ich fünf Stunden oder fünf Minuten geschrieben habe. Ja, es ist nichts weiter als eine Art von Träumen, dessen inhaltliche Ausgestaltung ich nurmehr in meiner Gewalt habe, so daß sich die Bilder nicht verzerren, und die Sphinx dient mir bloß zur besseren Erzeugung dieses Traumzustandes.«

In ganz ähnlicher Weise schildert Karl May von sich in *Mein Leben und Streben:* »Die Wahrheit ist, dass ich auf meinen Stil nicht im geringsten achte. Ich schreibe nieder, was mir aus der Seele kommt, und ich schreibe es so nieder, wie ich es in mir klingen höre. Ich verändere nie und ich feile nie. Mein Stil ist also meine Seele, und nicht mein ›Stil‹, sondern meine Seele soll zu den Lesern reden ... Darum wirkt das, was ich schreibe, direkt ... Ich will nicht fesseln, ... sondern ich will eindringen, will Zutritt nehmen in seine Seele, in sein Herz, in sein Gemüt. Dass dies das Richtige ist, das haben mir jahrzehntelange schöne Erfahrungen bestätigt.«

Auch Karl May schrieb Tag und Nacht durch. Seine Frau Klara berichtet, daß er laut mit seinen Gestalten gesprochen habe und durch niemanden gestört werden durfte. Hunger und Durst spielten dabei keine Rolle. Nur des Nachts ging er in die Küche, um sich trockenes Brot in dünnen Kaffee ohne Milch und Zucker zu schneiden, eine Armutsnahrung der Kindheit. Vollendete Kapitel pflegte er seiner Frau vorzulesen, und er stand dabei so tief unter dem Eindruck seiner eigenen Erzählung, daß er mitlachte und weinte. So habe er während der Arbeit am dritten Band von *Im Reiche des silbernen Löwen* händeringend geklagt: »Ich bringe es nicht über das Herz, meinen Hadschi Halef sterben zu lassen. Es geht über meine Kraft, ich habe den kleinen Burschen zu lieb, ist er doch ein Teil meines eigenen Ich.« Die Auseinandersetzung mit der andrängenden inneren Realität, aber auch die Abwendung einer unlustbetonten äußeren Realität werden immer wieder zu einer Motivation des Schreibens.

Maurice Leblanc, der auf Wunsch des Vaters in dessen Fabrik arbeiten muß, obwohl er Journalist werden will, zieht sich in den Waschraum auf den Dachboden zurück: »Die Fabrik mit ihrem Lärm löste sich in nichts auf. Das Völkchen der Arbeiter verschwand, wie eitle Gespenster. Ich war glücklich ... ich schrieb!«

Robert Kraft hat die Motivation des Trivialromanautors in einem eigenartigen Roman mit dem Titel *Wenn ich König wäre!* fast im Klartext beschrieben. Es ist die Geschichte eines jungen Mannes namens Otto König, Sohn einer Hebamme und eines Lehrers, der nach dem plötzlichen Tod der Mutter alles aufgibt, Wohnung und Mobiliar verkauft, in eine Dachkammer zieht und dort von den Zinsen eines Kapitals von sechstausend Mark lebt.

Es wird genau vorgerechnet, daß er mit fünf Mark die Woche auskommt. Er ernährt sich nur von Brot und Pflaumenmus und verbringt die ganze Zeit schreibend, wobei deutlich zum Ausdruck gebracht wird, daß es seine Wunschphantasien und Tagträume sind, die er unter dem Titel *Wenn ich König wäre!* zu Papier bringt. Eine Milliardenerbschaft nach einem verschrobenen Sonderling setzt ihn in die Lage, seine Phantasien aufzeichnungsgemäß zu erfüllen. Er kauft ein riesiges Schiff, das er mit einer Art dreidimensionalen Farbkino ausstatten läßt, welches ihm ermöglicht, einer staunenden Gesellschaft alle nur gewünschten Gegenden und Ereignisse realistisch vorzuführen. Das Schiff geht bei einem Sturm mit Mann und König unter, ohne daß es zur Durchführung weiterer Pläne gekommen ist.

Auffällig ist die Tatsache, daß die Schilderungen des Zustandes der Armut und Phantasiebetätigung den größten Teil des Romanes ausmachen, während die Wunscherfüllung nur relativ knapp und oberflächlich beschrieben wird und mit einer Katastrophe endet. Bei Robert Kraft ist die oralmasochistische Haltung als Abwehr gegen eine frühe Traumatisierung überdeutlich.

Edmund Bergler, der eine relativ große Zahl von Schriftstellern psychoanalytisch behandelt hat, sieht gerade dies als ein charakteristisches Konfliktmuster bei seinen Schriftsteller-Patienten an. Wenn wir bei Karl May in seinen Romanen, besonders den Ich-Romanen, ein immer wieder deutliches Auftreten der Verleugnung als bevorzugte Abwehrform, und zwar als »Verleugnung in der Phantasie« finden, und feststellen müssen, daß sie auch im realen Leben des Schriftstellers eine bedeutende Rolle spielte, so ist sie doch bei Robert Kraft eher im Hintergrund, obwohl für ihn das Schreiben den einzig möglichen Ausweg auf der Flucht vor der Realität überhaupt darstellt. Schreiben bedeutet bei ihm einen gelungenen Selbstheilungsversuch, dessen Erfolglosigkeit nur den Ausweg in die Psychose offengelassen hätte. Bei Karl May geht es vielmehr um die Vermeidung von Realunlust und Realangst auf dem Wege der Abwendung von der Realität, um deren Verleugnung und die Verkehrung des Unerwünschten in den umgekehrten Sachverhalt.

Anna Freud hat diesen Mechanismus als Anteil eines Stadiums der Ich-Entwicklung beschrieben. Das erwachsene Ich hat ja zum größten Teil die Möglichkeit verloren, sich über größere Quantitäten realer Unlust auf den Weg der Phantasie und des Tagtraums hinwegzusetzen. Normalerweise sind diese aber nicht viel mehr als ein spielerisches, libidinös wenig besetztes Nebenprodukt. Deshalb vermögen sie auch nur vorübergehend effektiv zu sein. Der Verleugnungseffekt wird aber intensiviert, wenn andere zum Glauben an die Wahrheit der Verleugnungsphantasie gebracht werden können. Damit werden die Leser dem Autor zu wichtigen Helfern im Abwehrkampf. Und so erleichtert die Pseudologie die Verdrängung. Dies ist besonders für Karl May charakteristisch, der ja zunächst das Agieren der Phantasien in pseudologischen Verhaltensweisen in einer ersten kriminellen Karriere versucht hat, nämlich als kleiner Hochstapler und Betrüger, und doch wieder unlustvoll an der Realität scheitern mußte. Erst als ein Stück der Ich-Regression wieder rückgängig gemacht wurde, konnte der Abwehrerfolg im Schritt zur Produktion von Kolportageromanen konserviert werden.

Es ist bemerkenswert, daß es May in seinem Alterswerk und mit seinen Behauptungen darüber gelungen ist, selbst so bedeutende Kenner seiner Produktion, wie Arno Schmidt, zum Glauben zu bewegen, *Im Reiche des silbernen Löwen* III und IV und *Ardistan und Dschinistan* machten ihn »zum letzten Großmystiker unserer Literatur«, und es sei öffentlich der Antrag auf seine Aufnahme in das große Kontinuum der Hochliteratur zu stellen – obwohl es sich um die langweiligsten seiner Produktionen handelt, die nur dem Zwecke dienten, die seelische Katastrophe der »Karl-May-Hetze« durch das pseudologische Märchen vom Edelliteraten zu überleben.

»Das Karl-May-Problem ist das Menschheitsproblem, aus dem großen alles umfassenden Plural in den Singular, in die einzelne Individualität transportiert...« wird dieser Vorgang in Mayscher Bescheidenheit in *Mein Leben und Streben* formuliert.

Der inneren Notwendigkeit des Autors, sich über die schriftstellerische Tätigkeit, die triviale Produktion vor innerer Seelenpein zu retten, entspricht aber die Tendenz der Leser, die vorliegende Literatur zu trivialisieren vermögen. So kann ein *Robinson Crusoe,* können *Gullivers Reisen* zur Kinderlektüre trivialisiert werden, und es hätte nicht erst Herrn Campes pädagogischer Beteiligung bedurft.

Dies scheint mir auch eine Erklärung für Hermann Hesses verspätete Massenwirkung und Heiligsprechung zu sein. Gerade die höchst trivialen Stilelemente machen doch diesen Teil seiner Wirkung aus.

Aber auch andere Trivialisierung läßt sich beobachten. In einer Zeit des satten Wohlstandes wird von der Jugend die Literatur und politische Dokumentation einer Zeit der Not und der revolutionären Gesinnung mit allen Anzeichen des Triviallektürekonsums romantisch genossen und im Tagtraum einer einst realen Situation die innere Problematik der Adoleszenz von heute projiziert. Das Heimweh nach den Heldentaten der Väter wird deutlich.

Die psychoanalytische Theorie hat Traum und Tagtraum schon sehr früh als Vorstufe der Dichtung angesehen. Deren Wunscherfüllungscharakter ist sozusagen notorisch. In diesen zwischen bewußtem und unbewußtem Seelenleben fluktuierenden psychischen Produkten verbergen sich hinter dem bewußt gewordenen, manifesten Inhalt, der die Erfüllung der Wünsche des Tagträumers ausdrückt, Strebungen anderer Art, inzestuöse, grob-egoistische, aggressive und sinnliche Triebregungen. Der Tagträumer weiß, und dies trifft auch auf Witz und literarisches Produkt zu, nur in begrenztem Ausmaß, worin der Lustgewinn an seiner Phantasie liegt.

Wir können dies auch auffassen als einen Übergang vom Streben nach direkter Befriedigung, wie etwa in der Masturbationsphantasie, wo das Vorgestellte ein Hilfsmittel des Handelns ist, zum Tagtraum, der Elemente des Wunsches nach Handeln und Befriedigung noch deutlich enthält, zur Erzählung, zum versuchten Einbau organisierender Faktoren.

Dazu bedarf es einer Reihe von Funktionen, die uns als früheste Ich-Funktionen bekannt sind, nämlich: der Kontrolle über die Zeit und der Fähigkeit des Befriedigungsaufschubes. Tagtraum, Witz, literarisches Produkt erfüllen die verdrängten Regungen ihrer Schöpfer und zeigen die bewußt abgewehrten Impulse unbewußt befriedigt. Bei Witz und literarischem Produkt ist damit aber auch erlebnishaft eine Befreiung vom seelischen Druck verbunden, vom Hemmungsaufwand, der zum Niederhalten sozial verbotener sexueller und aggressiver Triebregungen nötig war. In diesem Zusammenhang ist der soziale Aspekt von Bedeutung. Der Träumer wünscht Kommunikation so wenig wie der Tagträumer.

Der reine Tagtraum ist für den Unbeteiligten meist unverständlich, zumindest aber langweilig. Stets gleichförmige Wunsch- und Befriedigungsvorstellungen werden, in einzig für den Produzenten lustvoller Weise, immer wieder repetiert. Das handelnde Ich ist der stets erfolgreiche Held, unverwundbar und allmächtig. Der Befriedigungsaufschub folgt nicht den Forderungen des Realitätsprinzips, ja, er wird sogar zum Mittel lustvoller Reizspannungserhöhung.

Was letztlich immer angestrebt wird, ist die direkte Befriedigung. So findet man im Tagtraum bestimmte Stilcharakteristika der Trivialliteratur schon in grober Form angelegt. Deutliche Bezüge weisen uns auch in den Bereich der Pornographie, die ähnlich repetitiv und einförmig gestaltet ist. Und noch etwas ist wesentlich: Der Tagtraum muß geheimgehalten werden, denn er ist etwas, dessen sich der Tagträumer schämt, weil er ein Schuldgefühl damit verbindet. Nichts mehr von solchem Schuldgefühl ist hingegen dem Schriftsteller oder Dichter bewußt. Wo Rank 1908 noch annahm, der Künstler suche Anerkennung, weil er so Bestätigung seiner privaten Überzeugungen finde und sich damit von seinen »Einbildungen« heilen könne, zeigte Sachs in den *Gemeinsamen Tagträumen* 1920 die bedeutsame Motivation durch das Schuldgefühl. Er wies nach, daß das Bedürfnis nach Anerkennung dem Wunsche entspringt, die eigenen Schuldgefühle abführen zu können. Diese Schuldgefühle, die dem latenten Gehalt des literarischen Produktes entstammen, bleiben unbewußt bestehen, aber wir wissen, daß ein Teil davon gerade durch die Arbeit an der Form, durch das Ringen mit dem widerstrebenden Vorstellungs- und Sprachmaterial bewältigt wird.

Gelingt es mit der Gestaltung der eigenen verborgenen Wunschregungen, auch dem Leser Lust zu bringen, so wird das individuelle Schuldgefühl geringer. Die ästhetische Illusion wird so zum wesentlichen Mittel der Angstbewältigung.

In der Trivialliteratur spielt solche Illusion nur eine geringe Rolle, und Schuldgefühle, die den latenten Gehalt betreffen, heften sich gerne an das Produkt selbst. Die entrüstete Ablehnung von »Schund und Schmutz«, die gewisse Scham des lesenden Publikums und die gereizte Verteidigungsbereitschaft der Autoren sind dafür deutliche Symptome. So bedient sich eine gewisse Gattung der Trivialliteratur, nämlich der Detektivroman, auch systematisch des Tricks, überich-gerechte Aufdeckung und Bestrafung des Verbrechens zur Beschwichtigung der Schuldgefühle wegen der Befriedigung aggressiver Wünsche in der Schilderung des Verbrechens, die meist in Gestalt der Entlarvung genossen wird, zu verwenden. Trotzdem ist für viele der Genuß solcher Produkte nicht möglich, muß die Aggressionsverdrängung aufrechterhalten werden und sich wieder im abschätzigen Werturteil ausdrücken – oder in Langeweile.

Dem Leser wird Vorlust als Verlockungsprämie in Gestalt des formalen ästhetischen Vergnügens geboten, wodurch aber die vom Autor unbewußt zum Ausdruck gebrachte dargestellte Erfüllung geheimer Regungen willig als Endlust genossen wird. Es liegt auf der Hand, daß der seelische Vorgang der Lustentbindung im Leser nur den des Autors kopiert.

Die Vorlust aus dem erlaubten Vergnügen am Formalen verbindet sich in seelischer Summation mit der Endlust aus der Affektabfuhr verbotener Triebregungen. Die Hochliteratur zielt mit ihrer ästhetischen Illusion auf die Erweckung der Vorlust. Hingegen strebt die Trivialliteratur nach Endlust in direkter und infantilerer Form. Damit verliert das formale Prinzip an Bedeutung.

Weniger perfekt dafür funktioniert der Mechanismus der Bemeisterung der Schuldgefühle von Autor und Publikum. Offenbar nimmt man ein höheres Maß an Schuldgefühlen in Kauf, um ein größeres Maß von direkter Befriedigung zu erhalten. Hier findet sich eine Parallele zur Rolle des Märchens in der kindlichen Entwicklung.

Zu den wesentlichen psychischen Eigenschaften des Künstlers gehört es, daß er leichten Zugang zum Es-Material hat, ohne von diesem überwältigt zu werden. Er behält die Kontrolle über den Primärprozeß im kreativen Vorgang und ist in der Lage, relativ rasche Verschiebungen auf verschiedenen Ebenen seelischer Funktion vorzunehmen. Das meint Freud mit der Flexibilität der Verdrängung (in den *Vorlesungen),* und darauf weist er auch hin, wenn er meint, daß dieser beträchtliche Zuwachs an seelischen Fähigkeiten von einer in sich gefährlichen Prädisposition, eben der künstlerischen, herrührt.

Die Beziehung von Ich und Es umfaßt nicht nur die Frage, in welchem Ausmaß Es-Wünsche befriedigt oder abgewehrt werden. Sie bezieht sich vor allem auch auf die Relation und das Verhältnis von Primär- und Sekundärvorgang. Doch ist beim Autor die aus dem Traum bekannte Relation umgekehrt: Man kann mit Recht von einer Ich-Kontrolle des Primärvorganges als einer Ausweitung der Ich-Funktionen sprechen. Was jedermann in der Witzarbeit möglich ist, nämlich einen vorbewußten Gedanken für einen Augenblick der unbewußten Bearbeitung zu überlassen, also wenn man so will, eine Regression zum Primärvorgang im Dienste des Ich, ist die entscheidende Fähigkeit, denn diese Funktion des Ich alleine kann die Gefahr, die in der künstlerischen Prädisposition liegt, abwenden, wo nicht, haben wir es mit einer Neurose oder Psychose zu tun. In den zitierten Schilderungen der Schaffensprozesse der vorgestellten Autoren haben wir es sehen können – und in der Hochliteratur ist es nicht anders –, daß sich der Autor in seiner Arbeit der Inspiration bedient, das heißt, er unterwirft sich einer Ichregression, und zwar einer teilweisen und vorübergehenden Ichregression, die vom Ich gerade noch kontrolliert wird. Die Funktion des Ich, den Kontakt mit dem Publikum herzustellen, bleibt noch erhalten. Der Autor identifiziert sich dann mit seinem Publikum, um dessen Teilnahme zu erreichen, eine Teilnahme, die später die Identifizierung des Publikums mit ihm selbst hervorruft. Er versucht, eine Welt zu kontrollieren, die er selbst geschaffen hat. In seiner Produktion – und dies gilt auch für die Hochliteratur – findet sich immer ein Rest magischen Glaubens, was aber im Bereich der von uns betrachteten Trivialliteratur viel deutlicher zu Tage tritt.

Aber auch der Trivialautor mit seiner viel intimeren Beziehung zu Magie und Allmacht der Gedanken und Wünsche versucht nicht, die reale Welt zu verformen, wie es der Psychotiker tut. Er braucht sein Publikum, und seine Arbeitsweise, sein Stil können sich den Ansprüchen seiner Gemeinde entsprechend ändern. Deshalb mußte z. B. Sherlock Holmes wieder auferstehen. Der Psychotiker braucht kein Publikum, seine literarische Produktion, die ich nur ungern als psychotische Kunst bezeichnet sehe, ist nicht auf Kommunikation als notwendige Bedingung hin geschaffen. Die künstlerische Produktion ist ein soziales Phänomen und daher gebunden an die Intaktheit des Ich.

Was im Traum als Kompromiß erscheint und als Überdeterminierung seine Erklärung findet, ist im literarischen Produkt als Vielfalt der Bedeutungen zu erkennen, die im Publikum differenzierte Reaktionstypen ansprechen läßt.

Im Trivialroman ist es gerade die typische Konflikthaftigkeit des Autors, die ihm ermöglicht, sich und dem Publikum in einer besonderen Technik, die natürlich teilweise auch der Hochliteratur eignet, unter weitgehender Ersparung des mühevollen Weges der ästhetischen und formalen Illusion durch Anbringung leicht verständlicher Klischees, gewissermaßen Einbahnpfeile, die durch das ganze Werk verstreut vom Anfang bis zum Ende vorhanden sind, die Einfühlungsmöglichkeiten auf bestimmte, man ist versucht zu sagen, sichere Bahnen zu lenken.

Die märchenhafte Stereotypisierung der handelnden Figuren macht die Identifizierung automatisch und leicht verständlich. Man weiß immer, wo die stärkeren Bataillone sind. Man darf aber die Identifizierung mit dem Autor nicht als Identifizierung mit ihm als konkreter Person auffassen.

Der Trivialautor wendet sich an ein verstehendes Publikum, dem aber keine verstehende Kennerschaft im ästhetischen Sinne zu eigen ist. Gerade der weitgehende Verzicht auf die ästhetischen Effekte macht die kollektiven Wirkungen, ja Massenerscheinungen solcher Literatur möglich. Ich habe oben gesagt, daß in der Reihe von Masturbationsphantasie zu Tagtraum zu literarischem Produkt eine zunehmende Anforderung an die Fähigkeit der Vorstellung, der Formulierung und der Übersetzung von Bildhaftem in Verbales zu sehen ist. In zunehmendem Maße werden dabei Ich-Funktionen wirksam. Die Fähigkeit zum Befriedigungsaufschub und das Realitätsprinzip kommen zum Tragen.

Die Umsetzung des Tagtraums in die Erzählung verlangt ein vollständiges Transponieren des visuellen in einen verbalen Ausdruck. Die Worte sollen ja im Leser einen bestimmten visuellen Eindruck wieder hervorrufen. Wenn andere teilnehmen können, ist die Angst vor den Überich-Forderungen beschwichtigt. Unbewußte Selbstkritik kann so eingedämmt werden. Das illegale Gut scheint damit legalisiert durch öffentlichen Konsens und Applaus. Indes, nicht in allen Bereichen des künstlerischen Prozesses ist der Befriedigungsaufschub gleichermaßen wirksam. Während in der Hochliteratur ein hohes Maß von Befriedigungsaufschub durch Stilmittel und Ästhetik erzwungen wird, finden wir in der Trivialliteratur mehr oder minder unverhüllt das Streben nach direkter Befriedigung erfüllt. Man muß also annehmen, daß mit der Fähigkeit zum Befriedigungsaufschub im Autor der Abstand zwischen literarischem Produkt und Triebkonflikt wächst, was ja für meine Meinung spricht, daß nur Autoren bestimmter Persönlichkeitspathologie erfolgreiche Trivialliteratur produzieren können.

Dies ist auch von Bedeutung für den Massencharakter. Kris meint, daß kollektives Verstehen nur dort auftritt, wo die Funktion der Kunst nicht nur auf die ästhetische Sphäre beschränkt ist, wo sie allgemein oder in einem spezifischen Medium, teilweise oder ganz, Zwecken der Sozialkontrolle dient.

Auf dieser Ebene kann die Identifizierung mit dem Autor unter das weitere Phänomen der Identifizierung mit dem Führer subsumiert werden. Im Extremfall wird er vom Publikum als Verkörperung des Überichs akzeptiert, oder es werden zumindest Überich-Funktionen an ihn delegiert. Schon Old Shatterhand hat immer recht ...

Ich möchte annehmen, daß bei Produktion und Genuß der Trivialliteratur Prozesse geringerer Energieneutralisierung ablaufen, weniger gebundene Energie beteiligt ist, wir uns also mehr im Bereich der Sexualisierung und Aggressivierung denn der Sublimierung befinden. Es kommt nur zu mäßigen Graden der Neutralisierung von Triebenergien. Strukturell ist die Ich-Regression und die ihr vorausgehende Introversion im Sinne Jungs bei der Trivialliteratur eine viel umfassendere, die Kontrollfunktion des Ich in der Regulierung der Regression und besonders seine Fähigkeit, den Primärvorgang zu kontrollieren, ist mehr eingeschränkt als bei der Produktion der Hochliteratur. Die ästhetische Verarbeitung, die Zuwendung zu formalen Problemen, ordnet sich ja doch mehr dem Sekundärvorgang unter.

Es scheint mir so, daß in ähnlicher Weise wie beim Neurotiker, graduell natürlich geringer, die normalerweise enge Verbindung zwischen vorbewußten Wertvorstellungen und unbewußten Dingvorstellungen im Prozeß der Introversion gelockert ist und daß so die Arbeitsweise des Unbewußten, der Primärvorgang, eine viel deutlichere Ausprägung erfahren kann. Prinzipiell trifft dies ja für jede Form der literarischen Produktion zu, nur scheint mir die Tiefe der Regression, der Grad der Lockerung der Beziehung von Wort- und Sachvorstellung bei der Trivialliteratur deutlicher, die notwendig folgende Progression weniger komplett. Man findet auch die viel ausgeprägtere Verwendung der Mechanismen des Primärvorganges. Verschiebung und Verdichtung spielen ihre Rolle besonders in den beiden für diese Art der Literatur so wesentlichen Phänomenen der Projektion und Identifizierung.

Verschiebung vom Ich auf das Objekt und vom Objekt auf das Ich sind sozusagen das Lebenselixier Old Shatterhands und des Detektivs Nobody. Bedeutsam ist in diesem Zusammenhang für das Erleben des Lesers die Ersetzung der äußeren Realität durch die innere. Es ist eine wohlvertraute Tatsache, daß gewisse äußere Erlebnisse nur ein Anlaß für das Aufleben eines früheren, unbewußten sind. Das macht einen Teil der Wirkung des trivialen Schrifttums aus: In steter Wiederholung werden bestimmte äußere Grundkonstellationen und Konfigurationen vorgestellt, die beim Leser die inneren Erlebnisinhalte aufklingen und in einer vorgegebenen, dem Realitätsprinzip nicht mehr ganz unterworfenen, dadurch aber um so befriedigenderen Weise zur Wirkung kommen lassen.

An Stelle der ästhetischen Illusion treten die Hilfs-Über-Ichs des Autors und seiner Geschöpfe, kommt es zur Befriedigung der Es-Wünsche und seiner Beschwichtigung der strengen Überich-Forderungen. Das Ich kann entspannend die Durchsetzung des Realitätsprinzipes regressiv vorübergehend aufgeben. So verstehen wir auch den infantilen Grundzug solcher Schriften: In der Pseudo-Realität dieser Literatur darf auf dem Weg einer nachschöpfenden Introversion und Regression das Lustprinzip zum Teil voll wirksam werden, kann Wunscherfüllung ermöglicht werden, ohne daß die begleitenden Schuldgefühle bewußt oder auf dem Wege der mühevollen Arbeit an der ästhetischen Illusion beschwichtigt werden müssen.

In der Primärprozeßbearbeitung des zu Papier gebrachten Tagtraumes der Autoren wird durch die Materialisierung des Wortes, durch seine Verdinglichung die Welt der Magie, die Allmacht der Gedanken und Wünsche unmittelbar nacherlebt. Die Regression im Dienste des Ich wird zum Teil ergänzt durch eine solche im Dienste des Es und führt zum fast perfekten Lustgewinn.

Für den Autor ist das Publikum wichtig, weil er seine Produktion dazu benützt, das Ich im Dienste des Es auf andere wirken zu lassen: weil er seine Tagträume im Akt der Produktion auslebt und in der Teilung des Schuldgefühls mit dem Publikum sich von diesem weitgehend befreit. So kann für diese Autoren das Schreiben vielleicht doch im alten Rankschen Sinne als zumindest weitgehend gelungener Versuch einer Heilung von den »Einbildungen« betrachtet werden. Es handelt sich bei ihnen, wie ich an Beispielen zu zeigen versuchte, doch um Menschen mit schwach entwickelter Objektlibido und typischen Konfliktmustern, die über den Zauber der Sprache die anderen beeindrucken und fesseln und zu Komplizen ihrer infantilen Befriedigungsweisen machen wollen.

Die Trivialautoren waren und sind die Verführer zum Führerprinzip! Denn das Ich-Ideal des Autors wird zum Führer der Lesergemeinde. So darf Old Shatterhand, für den die Pseudologie als magische Veränderung der Realität der einzig echte Bezug zur Umwelt ist, im Band III von *Old Surehand* mit einer gewissen Berechtigung sagen: »Du darfst es mir wirklich nicht übelnehmen, daß ich das, was ich drüben im Wilden Westen dachte und fühlte, hier in der von der ›Civilisation‹ gebändigten Heimat niederschreibe. Was ich da drüben gethan und erlebt habe, das waren doch Ergebnisse meiner Gedanken und Gefühle, und wenn ich Dir die Folgen erzähle, darf ich doch die Ursachen nicht verschweigen! Überdies hat jeder Leser das Recht, seinem Autor in das Herz zu blicken, und dieser ist verpflichtet, es ihm stets offen zu halten. So gebe ich Dir das meine. Ist es Dir recht, so soll's mich freuen; magst Du es nicht, so wird es Dir dennoch stets geöffnet sein. Soll ein Buch seinen Zweck erreichen, so muß es eine Seele haben, nämlich die Seele des Verfassers. Ist es beim zugeknöpften Rock geschrieben, so mag ich es nicht lesen.«

Literatur

BERGLER, E. (1950): *The Writer and Psychoanalysis.* New York
BOURNAND, F. (1926): *Les Juifs, nos contemporains.* Paris
FREUD, A. (1936): *Das Ich und die Abwehrmechanismen.* Wien
FREUD, S. (1916/17): *Vorlesungen zur Einführung in die Psychoanalyse. In:* Gesammelte Werke. Band XI. Fischer, Frankfurt/M.
– (1967): Vorwort zu: Bullitt, W. C. *Thomas Woodrow Wilson, Twenty-Eighth President of the United States. A Psychological Study.* New York, XI-XVI
KRAFT, R. (o. J.): *Eine kurze Lebensbeschreibung, von ihm selbst verfaßt.* H. G. Münchmeyer, Dresden
– (o. J.): *Wenn ich König wäre!* H. G. Münchmeyer, Dresden
– (o. J.): *Wir Seezigeuner.* H. G. Münchmeyer, Dresden
KRIS, E. (1952): *Psychoanalytic Explorations in Art.* New York
MARLITT (JOHN-MARLITT), E. (o. J.): *Gesammelte Romane und Novellen.* Band 1-10. Union Deutsche Verlagsanstalt
– (1865): *Die zwölf Apostel. Erzählung.* (Erste Arbeit Marlitts). In: Gartenlaube, Jg. 36
MAY, K. (1900): *Im Reiche des silbernen Löwen. 3. Band.* In: Karl Mays gesammelte Reiseerzählungen. Band XXVIII. Verlag von Friedrich Ernst Fehsenfeld, Freiburg i. Brsg.
– (1903): *Im Reiche des silbernen Löwen. 4. Band.* In: Karl Mays gesammelte Reiseerzählungen. Band XXIX. Verlag von Friedrich Ernst Fehsenfeld, Freiburg i. Brsg.
– (1910): *Mein Leben und Streben. Selbstbiographie. Band I.* Verlag von Friedrich Ernst Fehsenfeld, Freiburg i. Brsg.
RANK, O. (1908): *Der Künstler. Ansätze zu einer Sexualpsychologie.* Wien
RETCLIFFE, J. (Hermann Goedsche) (o. J.): *Biarritz. Historisch-politische Romane, Band 13–16.* Ernst Goetz, Berlin
RICHARDSON, S. (1740/41): *Pamela or Virtue Rewarded.* London
SACHS, H. (1920): *Gemeinsame Tagträume.* Internat. Ztschr. Psychoanalyse, 395

Harry Potter und die Bausteine eines Welterfolgs

Von SYLVIA ZWETTLER-OTTE

»Schick mir eine Eule!« ruft ein etwa zwölfjähriges Mädchen beim Verlassen der Schule ihrer Freundin nach, die von ihrer Mutter abgeholt wird. »Was heißt denn das wieder?« fragt die Mutter. »Na, ich soll ihr eine E-Mail schicken am Wochenende, wenn ich mit dem dritten Band *Harry Potter* fertig bin. Sie holt ihn sich dann vielleicht«, übersetzt die Tochter unwillig, ohne auf die Eule in der Funktion einer tröstlich-verläßlichen, ziel- und wettersicheren Brieftaube bei *Harry Potter* näher einzugehen.

»Meine Tochter ist auch ganz verrückt nach *Harry Potter*, und ich versteh sie«, bemerkt lächelnd ein Vater, »man muß ja froh sein, wenn die Kinder heutzutage noch lesen wollen und nicht nur fernsehen.« – »Mein Sohn ist nicht so begeistert, die Bücher sind ihm viel zu dick, es ist ihm zu mühsam, und er sagt, es wäre ohnehin immer dasselbe«, meint eine Frau und fügt hinzu, »ich finde auch, er sollte lieber etwas anderes lesen, sonst gleitet er mir zu sehr ins Übersinnliche ab.« – »Da ist schon eine Gefahr dabei«, pflichtet ihr eine andere Mutter bei, »das hat auch der Religionslehrer zu mir auf dem Sprechtag gesagt. Es ist doch alles nur geschickte Werbung, daß diese Bücher so ein Hit geworden sind.« – »Die Muggels warten auf uns«, kichert eine kecke Vierzehnjährige zu ihrem Bruder gewandt, der natürlich sofort kapiert, daß sie die vor dem Schultor wartenden Eltern als entsetzlich normale Erwachsene empfindet wie die bei *Harry Potter*. Er kommentiert: »Ich mag *Harry Potter* nicht, weil ihn alle so toll finden«, und er ahnt ebensowenig wie die anderen hier, daß er mit seinen Bemerkungen über *Harry Potter* mehr über sich als über die Bücher aussagt.

Manchmal hat man das Glück, daß einem – wie hier in dieser kurzen Alltagsszene vor einem Gymnasium – eine Fülle von Aspekten verdichtet begegnet und die Rezeption widerspiegelt, wie sie auch in unzähligen Zeitungskritiken verbreitet wird.

Harry Potter ist in das Alltagsleben von Schulkindern integriert, was beweist, daß sie sich mit ihm und seiner Welt identifizieren. Mädchen finden *Harry Potter* gewöhnlich interessanter als Knaben. Doch je nach Intensität kann das Phänomen allgemeiner Begeisterung auch kippen: Sobald Kinder den Zwang verspüren, daß sie diese Bücher toll finden müssen, entsteht trotzige Ablehnung.

Die Erwachsenen, die an der Verbreitung der Bücher selbstverständlich beteiligt sind, indem sie sie kaufen, angeregt durch die Werbung oder dadurch, daß sie sich beim Durchblättern angesprochen fühlen, sind sich uneinig: Manche begrüßen es, daß ihre Kinder Spaß am Lesen finden, sozusagen aus pädagogischen Gründen, andere sprechen den Geschichten, die altvertraute Sagen- und Märchenmotive in der Erinnerung zum Schwingen bringen, einen gewissen Reiz zu und legen auch Wert auf den Beweis, selbst nicht zu den Muggels zu gehören. Wieder andere fürchten, daß die Kinder durch den Rückzug in eine Zauber- und Phantasiewelt ihrer Kontrolle entgleiten, und bei einigen verstärkt sich diese Befürchtung im Hinblick auf die Magie, die als Bund mit dem Teufel vor allem in kirchlichen Kreisen verdammt wird.

Ich werde mich in diesem Kapitel auf den ersten Band *Harry Potter und der Stein der Weisen* beschränken und versuchen, anhand dieses Buches unter psychoanalytischem Gesichtspunkt herauszufinden, was so viele an der Geschichte Harry Potters fasziniert, und auch einen Blick auf die Frage werfen, wie wir die Ablehnung mancher verstehen können.

Dabei werden wir auf so manches stoßen, was in den Arbeiten zuvor bereits thematisiert wurde. Wir werden sehen, daß hier – ähnlich, wie es E.M. Ammerer beim *Räuber Hotzenplotz* beschrieben hat – die lustvolle Bewältigung der Spannungen zwischen den Forderungen der Erwachsenen und den geheimen Wünschen der Kinder eine wesentliche Rolle spielt. Wir werden Bausteine aus Märchen, Mythen und Sagen finden, wie sie E. Beer anhand von *Max und Moritz*, *Tom Sawyer* und *Alice im Wunderland* untersucht hat. Wir werden sehen, daß kindliche Konflikte, wie sie H. Figdor bei Astrid Lindgren im Zusammenhang mit Scham, Schuld und Angst herausgearbeitet hat, von Joanne K. Rowling vorwiegend mit den Mechanismen der Spaltung in Gut und Böse und mit einer Umkehr von ängstigenden und kränkenden Situationen in bestätigende narzißtische Zufuhr behandelt werden. Wir werden den Wunsch, die Eltern zu retten, bei *Harry Potter* in ähnlicher Weise finden, wie ich ihn bei *Pinocchio* in bezug auf seinen Vater beschrieben habe. Auch die Ängste, verschlungen zu werden, sowie das Bestreben, sich vor einer solchen kannibalistischen Bedrohung durch Kontrolle und ordnende Herrschaft zu retten, begegnen uns bei *Harry Potter* ebenso, wie es D. Ohlmeier bei *Robinson Crusoe* psychoanalytisch gedeutet hat oder wie es E. Beer ausgeführt hat, wenn er Fressen und Gefressenwerden sowie das gefährliche forschende Eindringen als wesentliche Elemente von Märchen und Mythen beschrieb. Die zentrale Bedeutung der Identifizierung mit dem Helden der Geschichte hat bereits H. Leupold-Löwenthal in seiner Arbeit über Trivialliteratur aufgezeigt. Bei *Harry Potter* gibt es insofern eine Erweiterung der Identifizierungsmöglichkeiten, als sozusagen auch lustvolle »Nebengleise« für ängstlichere Kinder angeboten werden: So kann sich ein Kind etwa durch die Identifizierung mit dem ungeschickten kleinen Neville, der immer wieder seine Schildkröte verliert, in die Geschichte einbezogen fühlen.

Die wesentlichen Elemente, die dem Buch *Harry Potter und der Stein der Weisen* zu Erfolg und Beliebtheit verholfen haben, sind zweifellos auch die Erfolgskriterien der weiteren Bände. Wie bei einem Kaleidoskop ergeben sich durch eine leichte Drehung immer wieder neue Bilder durch neue Zusammensetzungen derselben Bestandteile.

Harry Potter beginnt damit, daß wir die Hauptfigur in der Situation eines männlichen Aschenbrödels kennenlernen: Harry ist Vollwaise und wächst bei »bösen« Stiefeltern auf, die ihre eigene mißratene Nachkommenschaft viel mehr lieben – falls man in diesen Beziehungen überhaupt von »Liebe« reden kann – als das fremde Kind, das sie nur widerwillig mit aufziehen. Zu dieser für unseren Helden kläglichen Ausgangsposition gibt es aber ein mächtiges Gegengewicht, das im Lauf der Geschichte immer schwerer wiegen wird: Es sind seine wirklichen Eltern, berühmte und in ihren Kreisen beliebte Zauberer, also »gute« Eltern. Wir haben hier jenen bereits erwähnten Mechanismus der *Spaltung in Gut und Böse*, der den kontrollierenden, ordnenden Umgang mit Objekten erleichtert. Denn man weiß: Gegen böse Objekte muß man sich wappnen, zu den guten darf man hinstreben.

Die Leser sind von Anfang an in diese Ordnung miteinbezogen. Sie werden vor die Wahl gestellt, sich entweder auf die Seite der kleinbürgerlichen, dümmlichen, stinknormalen und eingebildeten Muggels[1] zu stellen oder zu den Auserwählten zu zählen, die an merkwürdigen und geheimnisvollen Geschichten – wie der von Harry Potter – Interesse haben. Es ist das Angebot einer Identifizierung mit den Auserwählten, das dem Selbstbewußtsein wohl tut und die Leser besticht. Steigen sie darauf ein, sind sie im wahrsten Sinne des Wortes auf dem richtigen Gleis: dem Gleis neundreiviertel natürlich, welches ins Reich der Zauberei und des Übernatürlichen führt, das – wir werden es noch sehen – sich an vielen Stellen mit dem Unbewußten deckt.

Doch die Autorin ist geschickt genug, keine allzu scharfe Trennungslinie zu zeichnen, sondern sie zu verwischen und so selbst bei Muggels noch die Hoffnung durchschimmern zu lassen, sie würden über ihre Engstirnigkeit und Blindheit eines Tages hinauswachsen. So ist es etwa Stiefvater Dursley, der die seltsame Katze entdeckt, die an der Straßenecke die Straßenkarte studiert, und die Zauberer, die plötzlich überall in der Stadt auftauchen, fallen ihm durch ihre seltsame Kleidung auf. Daß es zu solchen Hellsichtigkeiten nur beim Stiefvater, nie bei der Stiefmutter kommt, verrät uns die Sympathie der Autorin für ihn und erinnert ein wenig an Christine Nöstlingers auffallende Bevorzugung der armen, schwachen Väter gegenüber den bornierten Müttern.

Doch zurück zu unserem Helden. Harry hat also böse, »normale« wie auch herrliche, ideale Eltern, die im ersten Band in jeder Hinsicht allmählich Gestalt annehmen: Zu Beginn ahnt Harry noch

---

[1] Besonders schön zeigt sich im ersten Satz des englischen Originals die selbstgefällige, Lob vorwegnehmende Haltung von Harrys Adoptiveltern: »(They) were proud to say that they were perfectly normal, thank you very much.«

nichts von ihrer Existenz, am Ende sind sie bereits so wirklich geworden, daß er ein Fotoalbum mit Bildern von ihnen bekommt.

Die Entwicklung der Phantasie von den idealen Eltern ist ein bekanntes seelisches Phänomen, das Sigmund Freud in einer kurzen Abhandlung unter dem Titel »Der Familienroman der Neurotiker«[2] bereits 1909 beschrieb. Er hatte – wie seine Briefe an seinen Freund Wilhelm Fließ 1897 und 1898 beweisen – schon früher entdeckt, daß sich Neurotiker in ihren Phantasien häufig einen geheimen *Familienroman* zurechtlegen: Sie stellen sich vor, daß ihre Eltern gar nicht die echten sind und daß sie unter mysteriösen oder dramatischen Umständen von ihren wahren, viel mächtigeren, schöneren, weiseren und besseren Eltern getrennt wurden und sie vielleicht wiederfinden werden. So »korrigieren« sie das reale Leben und erfüllen sich erotische und ehrgeizige Wünsche im Zusammenhang mit einer edleren Abstammung.

In späteren Jahren erkannte Freud, daß solche Phantasien auch in der Entwicklung des gesunden heranwachsenden Individuums eine wichtige Rolle spielen, und zwar gerade in den Jahren, in denen sich die notwendige und schwierige Ablösung von den realen Eltern vollzieht. Die Illusion, die eigenen realen Eltern seien ja gar nicht die wirklichen, schafft Distanz zu ihnen – gleichzeitig erfüllt die Neuschöpfung idealer Eltern den unbewußten Wunsch nach einer Rückkehr in die Kindheit und ist »Ausdruck der Sehnsucht des Kindes nach der verlorenen glücklichen Zeit, in der ihm sein Vater als der vornehmste und stärkste Mann, seine Mutter als die liebste und schönste Frau erschienen« (231).

Der Erfolg des Buches bei Kindern zwischen acht und vierzehn Jahren muß uns also nicht wundern. Es bringt gerade diese Grundidee zu einer üppigen Blüte, die sich auf eine typische Phantasie von Mädchen und Buben in der Vorpubertät und Pubertät während der Ablösung von Autoritäten konzentriert. Der Familienroman ist eine Kompromißbildung, die der Ambivalenz der Heranwachsen-

---

[2] Die Arbeit erschien ursprünglich in Otto Rank: *Der Mythos von der Geburt des Helden*, später in Sigmund Freud: *Gesammelte Werke*, Band VII. Fischer, Frankfurt/M. 1941, 227–231

den voll und ganz Rechnung trägt und die einerseits der distanzierenden Abwertung der realen Eltern dient und andererseits die idealen Eltern der frühen Kindheit noch einmal heraufbeschwört. Es ist ein Fortschritt in der Entwicklung mit Hilfe eines großen, lustvollen, zeitlich und ideell begrenzten Rückschritts.

Genau dieser Prozeß vollzieht sich im Alltag vieler junger Leserinnen und Leser: Sie suchen Distanz zu ihren Eltern, schließen sich – so wie Harry Potter – mehr den Gleichaltrigen an und übertragen doch viel von der frühkindlichen Bewunderung und Idealisierung der Eltern auf Lehrer oder andere Autoritäten wie Künstler, Stars und andere »Zauberer«. Die Bahnhofsszenen auf dem Gleis neundreiviertel zeigen recht amüsant die Mischung ängstlicher und patziger Verhaltensweisen bei den »Nestflüchtern« und die überfürsorgliche Reaktion bei den Eltern.

Eine weitere sichere Schiene zum Erfolg ist die Anlage des Buchs als *Heldenroman*: Harry Potter entwickelt sich zum Helden. Daß er dabei ganz unten anfängt und erst allmählich berühmt wird, erleichtert die Identifizierung mit ihm. Denn ebensowenig, wie Harry Potter am Anfang weiß, welche großartigen Fähigkeiten in ihm schlummern, vermögen nur die wenigsten seiner jungen Leser Beweise dafür bei sich selbst zu entdecken. Doch durch Harrys Geschichte wird die Hoffnung geweckt: Auch wenn es bisher unbemerkt geblieben ist, kann es doch sein, daß ich ein großartiges, begabtes und unendlich liebenswürdiges Geschöpf bin. Harry Potter ist also zunächst ahnungslos. Er muß erst zum Zauber*lehrling* werden, um seine verborgenen Talente ausfindig zu machen. Seine Lernsituation ist somit vergleichbar mit der eines Schulkindes.

Daß Harry sich trotz vorhandener Begabungen seine Fertigkeiten erst mühsam erarbeiten muß, ist eine gelungene *Mischung aus Ohnmacht und Allmacht*. Zwischen diese beiden Pole ist auch die Entwicklungsphase der Pubertät gespannt mit all ihren Minderwertigkeits- und Größenphantasien.

Weiterhin impliziert die Heldenrolle das Schweben in extremer Gefahr, die enorme Angst auslösen kann. Der Moment der größten Bedrohung liegt zwar vor Harry Potters Erinnerungsfähigkeit, doch Ahnungen davon tauchen in verschiedenen Schattierungen immer wieder auf. Am deutlichsten zeigt sich die Lebensbedrohung in dem eingebrannten Mal auf Harrys Stirn, das ihm der große, böse Zauberer Voldemort zugefügt hat; dessen Name trägt bereits den »Tod« in sich, und man erwähnt ihn besser nicht. Zwar erinnert Harrys Mal an eine lebensgefährliche Attacke gegen ihn, es ist aber gleichzeitig ein Siegeszeichen. »Ein Junge überlebt« lautet auch der Titel des ersten Kapitels und suggeriert so, daß es ebenso hätte sein können, daß der Junge *nicht* überlebt hätte. Die Bedrohung könnte insofern auch ein Indiz für eine schwere Geburt sein.

Harrys Unsterblichkeit gehört zu den beruhigenden Eigenschaften von Märchenhelden.[3] Das Scheitern von Voldemorts Mordanschlag[4] verweist auf dessen Vernichtung, die zwar noch nicht endgültig, aber doch in die Wege geleitet ist. Harrys Unversehrtheit, die lediglich durch das Mal auf seiner Stirn relativiert und dokumentiert ist, bedeutet somit auch einen Sieg über die böse Vaterfigur. Es ist ein großartiger und doppelter ödipaler Triumph, denn an Harry zerschellt nicht nur die Zaubergewalt Voldemorts, sondern er hat durch seine Unzerstörbarkeit sogar seinen leiblichen Vater übertroffen, den Voldemort zugleich mit Harrys Mutter getötet hatte.

Selbst an harmlosen Details zeigt sich, daß man an Harrys Körper nicht Hand anlegen kann: Der Versuch des Friseurs, ihm die Haare zu kürzen, scheitert ebenso wie der seiner Stiefmutter. Das Haareschneiden erleben viele Kinder als Bedrohung – wie wir sehr deutlich etwa im *Struwwelpeter* sehen können. In einer erweiterten und symbolischen Form hat es die Bedeutung einer vom Genital nach oben verschobenen Kastration. Die Kastrationsangst aber kann als Echo der Geburtsangst[5] und als Vorbild aller späteren Ängste aufgefaßt werden. Geburt, Trennung und Tod sind hier als fundamentale existentielle Bedrohungen ständig im Spiel. So endet etwa der

---

[3] Siehe Bruno Bettelheim (1985): *Kinder brauchen Märchen.* dtv, München

[4] Für ein solches Scheitern böser Vatergestalten gibt es sowohl in den Sagen als auch in der Bibel Vorbilder: Denken wir z. B. an Ödipus, der mit durchschnittenen Fußsehnen ausgesetzt und doch gerettet wurde, oder an den bethlehemitischen Kindermord des Königs Herodes.

[5] Siehe Otto Rank: *Das Trauma der Geburt*, 1924

erste Band mit einem Ansatz zu einer Verleugnung des Todes – auch dies ein beruhigender Lustgewinn: Das Sterben – so soll es der weise Dumbledore selbst glauben – ist »für den gut vorbereiteten Geist nur das nächste große Abenteuer« (327).

Die Spaltung in gute und böse Vaterfiguren bezieht sich nicht nur auf Harrys leiblichen Zaubervater, seinen Gegenspieler Voldemort und seinen erbärmlichen, desinteressierten Stiefvater, sondern sie setzt sich auch auf Hogwarts fort. Dumbledore ist der gütige Weise, der auch Harrys Grenzüberschreitungen zum Beispiel beim Quidditch-Spiel nicht bestraft, sondern immer die Begabung und Fähigkeiten Harrys im Blick hat. Er ist an der Herstellung des Steins der Weisen und damit des Lebenselixiers und der Unsterblichkeit beteiligt. Harry erscheint er wohlwollend und allwissend: Er hat ihn die Wirkung des Zauberspiegels, der den tiefsten Herzenswunsch eines jeden Menschen widerspiegelt, herausfinden lassen und ihm das Recht zuerkannt, Voldemort, seinen Todfeind und den Mörder seiner Eltern, zu stellen.

An dieser bösen Autorität einen »Vatermord« zu vollziehen wird zu einer Heldentat, für die die Welt Harry zu Dank verpflichtet ist. Er wird zum Retter, geschützt und unantastbar durch die tiefe Liebe seiner Mutter zu ihm über ihren Tod hinaus – so erklärt es ihm Dumbledore. Damit hat Harrys Familienroman einen Höhepunkt erreicht: Er ist unbesiegbar durch die grenzenlose Liebe der Mutter und eingehüllt in den Tarnumhang des Vaters, der ihn in sympathischer Menschlichkeit eher benutzt hatte, um seine orale Lust zu befriedigen und aus der Küche heimlich etwas zum Naschen zu holen. Auch hier wieder eine Mischung von Geheimnisvollem und Banalem, Alltäglichem.

Die enge Anlehnung an den Alltag von Kindern und Jugendlichen, verbunden mit der lustvollen Regression zum magischen Denken ist ein grundlegender Baustein von *Harry Potters* Erfolg. Es werden darin jene Alltagsthemen berührt, die Kindern wirklich wichtig sind. Das sind natürlich nicht die Unterrichtsinhalte, sondern die Beziehungen innerhalb der Gruppe annähernd Gleichaltriger, die sich aus Angebern, Feinden, Langweilern, Duckmäusern, Rädelsführern, Mitläufern, Kumpeln und Freunden zusammensetzen, wie auch die Beziehungen zu den Erwachsenen, die nun anstelle der Eltern im Vordergrund stehen. Diese erscheinen – wie bereits im Zusammenhang mit dem Familienroman ausgeführt – so wie einst die Eltern als mächtige Personen, entweder wohlwollend zugewandt oder als feindselige Verfolger.

Auch für Harry Potter ist in erster Linie sein Freund Ron und – nach Überwindung einer gefährlichen Situation – seine Mitschülerin Hermine wichtig. Zu dritt bilden sie eine Allianz, der ungeschickte kleine Neville pendelt zwischen ihnen und den anderen hin und her.

An dem Mädchen mit seiner Besserwisserei und seinem angelesenen Wissen haftet der schlechte (in den Augen der Muggel-Eltern dagegen sicher gute) Ruf einer Vorzugsschülerin, die sich noch zu wenig von der Bewunderung für die Lehrer freigemacht hat. Ron hat eher die Funktion eines »alter ego«: Er ist eine flachere und mattere Ausgabe von Harry. Ihre Freundschaft ist – wie es scheint – konfliktlos, durch keinerlei Konfrontation oder Rivalität getrübt.

Die Gefahren, die die Freunde gemeinsam bestehen, beinhalten Elemente wie in Märchen und Mythen und sind mit der Furcht vor dem Verschlungen- und Gefressenwerden ebenso verknüpft wie mit der phallischen Lust des Eindringens, mit Neugier und Verbot. Ihre Schulstunden sind zwar mit interessanten Zauberinhalten und -gegenständen gefüllt, werden aber wie jeder Unterricht in emotionaler Übertreibung gelegentlich als Folter erlebt, etwa die Stunden beim bösen Snape. Und auch die Bürokratie, die in »unseren« Muggel-Schulen dominiert, durchdringt zeitweise mit Verboten und Geboten den Alltag von Hogwarts, wenn es zum Beispiel heißt: »Die Eltern seien daran erinnert, daß Erstkläßler keine eigenen Besen besitzen dürfen« (76).

Neben den Beziehungen innerhalb der Peer-Gruppe und zu den Erwachsenen mit den Neuauflagen guter oder haßerfüllter Elterngestalten gibt es noch ein anderes wichtiges Interesse: ein ehrgeiziges, narzißtisches, bei dem es um den eigenen Selbstwert und den der eigenen Gruppe geht. Kinder sind sehr hellhörig und schnell bereit, »gute« von »schlechten« Schulen zu unterscheiden, gleichgültig, ob die Bewertung sich vordergründig an politischen, elitären oder anderen Kriterien orientiert. So ist es zwar bereits eine enorme narzißtische Zufuhr, nach Hogwarts, der besten Schule für Hexerei und Zauberei, berufen zu werden, aber auch dort gibt es mehr und weniger angesehene Häuser. Und es ist Harry keineswegs egal, ob er zu den Gryffindors oder den Slytherins gehört. Dabei geht es natürlich nicht um rational begründbare Vorzüge, sondern um Sympathien und Antipathien, ebenso wie bei Schülern der a-, b- oder c-Klassen. Allein diese emotionalen Motive zählen, und nur Muggels können glauben, daß es etwa bei der Schultypwahl primär um Sachargumente geht. Daß man in die sympathische Klasse kommt, neben wem man sitzt und daß der Klassenvorstand einem gefällt, das ist wichtig.

Die Steigerung des Selbstwertgefühls entsteht bei *Harry Potter* sehr häufig durch eine *Umkehr der normalen Situation.*[6] Während sich Schüler gewöhnlich um die Aufnahme in eine Schule bewerben müssen, wirbt hier die elitäre Zauberschule selbst um ihre Zöglinge. Unter äußerster Mühe wird etwa versucht, Harry unzählige Briefe zuzustellen, um ihn als einen der Auserwählten nach Hogwarts einzuladen. Wer auserwählt ist und eingeladen wird, muß sich nicht bemühen und ist nicht der beschämenden Gefahr der Ablehnung ausgesetzt, auch wenn solche Ängste kurz auftauchen (S. 133). Harry Potter genießt das Privileg der Passivität, er wird freudig und mit Ehrerbietung empfangen: »Willkommen zu Hause, Mr. Potter.« Welch eine Karriere für einen Jungen, der in seinem früheren Leben im Küchenschrank unter der Treppe hauste wie ein Tier!

Die *Magie*, die laut Umfragen unter *Harry Potter*-Anhängern den besonderen Reiz des Buchs ausmacht, ist für manche Kritiker das Hauptmotiv der Ablehnung. Bei jedem von uns hat in frühen Jahren das magische Denken dominiert. Kinder glauben, daß ihre Gedanken, Phantasien und Wünsche Wirklichkeit werden können. Auch Harry erfährt durch Hagrid, den freundlichen Riesen, daß

---

[6] Spielerisch wird diese Umkehr auch in kleinen Details eingesetzt: So dient z.B. Dumbledores silbernes Feuerzeug nicht dazu, eine Flamme zu erzeugen, sondern die Straßenlaternen erlöschen zu lassen.

manch seltsames Ereignis wie das blitzschnelle Nachwachsen seiner Haare oder das verschwundene Glasfenster im Zoo bereits Zauberei war, das Wirksamwerden von Harrys heimlichen Wünschen (S. 66). Diese waren für ihn weniger offensichtlich als für seine Umgebung, sie waren ihm unbewußt, und er hätte sich aus Furcht vor Strafe und Rache solch böse Absichten auch gar nicht bewußt machen können.

Erst im Lauf des ersten Schuljahres entwickelt Harry sich zu einem Kind, das auch zu seinen Aggressionen steht: So plant er mit verschmitztem Lächeln, in den Sommerferien seinen Stiefbruder zu quälen; denn selbst wenn er daheim nicht zaubern darf, so wird doch allein der Glaube an seine Zauberkräfte den Feind ausreichend irritieren. Es hat hier eine Entwicklung vom unbewußten Wünschen und magischen Denken in Richtung größerer Bewußtheit stattgefunden. Ebenso hat Harry gelernt, daß man das Aussprechen von Bösem (Voldemorts Namen) nicht vermeiden, sondern wagen soll. Auch darin zeichnet sich seine Entwicklung weg vom magischen Denken ab, während er gleichzeitig große Fortschritte als Zauberlehrling macht.

Wer die Zauberei beherrscht, scheitert nicht mehr an der Realität, sondern erfüllt sich auch »unmögliche« Wünsche rasch und mühelos. Er kann nach dem Lustprinzip leben und ist nicht mehr völlig dem Realitätsprinzip unterworfen. Daß Harry und seine Gefährten Zauber*lehrlinge* sind, vermischt das Lustprinzip mit dem Realitätsprinzip und verknüpft die Anstrengungen »normaler« Kinder mit den zunehmenden Lustprämien der Zauberei. Auch das rückt Harry und seine Leserschaft einander näher. Es werden hier zwei gegenläufige Tendenzen wirksam: Die eine verfolgt eine zunehmende Anerkennung der Realität, wie sie bei jedem Lernprozeß verlangt wird, die andere besteht in der zunehmenden Gewandtheit, das Lustprinzip durchzusetzen.

Schon am Beginn der Geschichte gibt es übrigens eine hübsche symbolische Darstellung des Durchbruchs von nächtlichem, heimlichem, traumähnlichem Geschehen in die gewohnte Realität des hellen Alltags: Die Abendnachrichten melden ein ungewöhnliches Verhalten der Eulen, die plötzlich tagsüber auftauchen, obwohl sie doch eigentlich Nachtvögel sind. Es sind zweifellos solche Vermischungen und Verflechtungen, die für viele Leser so ansprechend und reizvoll sind.

So, wie man sich auf Hogwarts nicht einfach selbst einen Zauberstab aussucht, sondern – nach dem bewährten Umkehrprinzip – der Stab selbst ein Wörtchen mitzureden hat, zu wem er gehören will (S. 93), so wählt auch der sprechende Hut die Zöglinge für die einzelnen Häuser aus. Dabei tut er eigentlich nichts anderes, als den heimlichen Wunsch Harrys ein wenig hin und her zu drehen und ihn schließlich als Urteil laut zu verkünden. Noch eindrucksvoller ist der Zauberspiegel, der jedem seinen »tiefsten, verzweifeltsten Herzenswunsch« (S. 233) zeigt, unabhängig davon, ob es sich dabei um etwas Wirkliches oder etwas Mögliches handelt.

Harry Potters Geschichte wäre nicht ein solcher Erfolg bei Heranwachsenden, würde sie nicht auch die Umgestaltungen der Sexualität vor und während der Pubertät widerspiegeln. Harrys (Wieder-)Entdeckung phallischer Lust wird auf symbolische Weise dargestellt: Lustvoll und mit instinktsicherer Begabung agiert er mit seinem maßgeschneiderten »Zauberstab«. Während solcher Höhepunkte masturbatorischer Befriedigung spielt aber das andere Geschlecht nur eine geringe Rolle. Hermine wird von Harry und Ron nicht *weil*, sondern *obwohl* sie ein Mädchen ist, akzeptiert, und zwar in der Rolle eines Kumpels, der sich in einer Gefahrensituation bewährt hat.

Die Unsicherheit in der geschlechtlichen Identifizierung wird von den Erwachsenen manchmal etwas lieblos kommentiert, in dem Sinne, daß er/sie noch nicht wisse, ob er/sie »ein Mandl oder ein Weibl« sei. Bei Hagrid tritt diese sexuelle Verwirrung am deutlichsten zutage. Er tritt als ungeschlachtes Riesenbaby auf, dessen weiches Gemüt in verblüffendem Kontrast zu seiner gewaltigen Gestalt und seinem die Lüfte durchquerenden Motorrad steht. Sein sehnlichster Wunsch nach einem Drachen, der übrigens ähnlich widerliche Charakterzüge trägt wie Harrys Stiefbruder Dudley, geht gegen Schluß der Erzählung in Erfüllung, wobei Hagrid sich selbst in der Stunde des Abschieds von dem Untier rührselig als seine »Mammi« bezeichnet.

Die Disharmonie zwischen Körper und Seele, die Infantilität bei gleichzeitigem lärmendem phallischem Gehaben sowie die Unsicherheit über die männliche oder weibliche Rolle sind dominierende Wesensmerkmale der pubertären Wirrnisse. Während Hagrid diese Ausformung repräsentiert, kann Harry die gewinnendere Variante eines Superman in statu nascendi darstellen, was ihn natürlich zum Liebling vor allem der Leserinnen macht und ihm die Abwendung mancher eifersüchtigen Knaben bringt.

Es sind also die zentralen Themen der Pubertät, die in Harry Potters Geschichte geschildert werden: Harry ist der unsterbliche Held, der über böse Vatergestalten triumphiert und seine wunderbaren wahren Eltern, die er als Kleinkind verloren hat, wiederfindet.

Bei dieser Verquickung von Helden- und Familienroman ist die unmittelbare, realistische Nähe zum Alltag der Kinder auf die emotional bedeutsamen Dinge konzentriert und mit der Regression auf die magische Denkweise verschmolzen. Die Magie erscheint als Domäne des Lustprinzips und der unbewußten Wünsche, äußere und innere Realität sind ineinander verschränkt. Es ist ein gelungenes Zusammenspiel von ordnender Spaltung in Gut und Böse und von Vermischung realistischer mit infantiler Denkweise. Die Anhänger *Harry Potters* genießen mit dem Helden gemeinsam, die Gegner scheuen davor zurück, die vielleicht mühsam erworbene rationale Kontrolle wieder aufzugeben und sich ins magische Wunschdenken zurückfallen zu lassen, das ja nicht nur Lust bringt, sondern auch manche Ängste heraufbeschwört.

Die spielerische Prophezeiung der Autorin, Harry Potter werde weltberühmt, hat das Leserpublikum bereitwillig bestätigt, und so wurde *Harry Potter* mit Hilfe der Leichtigkeit moderner Vervielfältigung tatsächlich zum Welterfolg.

Literatur

ROWLING, J.K. (1998): *Harry Potter und der Stein der Weisen.* Carlsen, Hamburg

– (1997): *Harry Potter and the Philosopher's Stone.* London

Sachregister

Autorenverzeichnis

Dr. Erla Maria Ammerer
Lehranalytikerin der Wiener Psychoanalytischen Vereinigung (WPV), gehört dem Lehrausschuß der WPV an. Klinisch psychologische Praxis in Wien und in Topeka (Kansas) an der Menninger Foundation; 15 Jahre lang Lehrbeauftragte an der Amerikanischen Gastuniversität St. Lawrence (New York State); 1981–1988 am Pädagogischen Institut des Bundes für HTL-Lehrer; Seminare bei der Sigmund-Freud-Gesellschaft seit 1979.

Dr. Ernst Beer
AHS-Lehrer für Fremdsprachen, 12 Jahre lang verantwortlich für Erziehungs- und Berufsberatung an seinem Gymnasium; affiliiertes Mitglied der Wiener Psychoanalytischen Vereinigung. Seit 15 Jahren freie Praxis für psychoanalytisch orientierte Jugend- und Elternberatung.

Dr. Helmuth Figdor
Gehört ebenfalls der Wiener Psychoanalytischen Vereinigung an. Arbeitet als Psychoanalytiker für Erwachsene und Psychotherapeut für Kinder und ist als psychoanalytisch-pädagogischer Erziehungsberater für Eltern, Erzieher und Lehrer tätig. Lehrbeauftragter am Institut für Sonder- und Heilpädagogik der Universität Wien. Im Rahmen der Sigmund-Freud-Gesellschaft arbeitete er an einem Forschungsprojekt über die Folgen der Scheidung für die psychische Entwicklung der Kinder.

Renate Kohlheimer
Psychotherapeutin in freier Praxis; langjährige Tätigkeit in Psychiatrie und (Sonder-)Pädagogik. Musikpädagogin, Musiktherapiestudium an der Hochschule für Musik und darstellende Kunst in Wien; Ausbildung zur Psychoanalytikerin (Wiener Psychoanalytische Vereinigung).

Dr. Harald Leupold-Löwenthal
Facharzt für Neurologie und Psychiatrie; Univ.-Doz. für Psychoanalyse und Psychotherapie; Lehranalytiker mit Praxis in Wien; Präsident der Sigmund-Freud-Gesellschaft; Verfasser zahlreicher Publikationen zu Themen der psychoanalytischen Theorie und Praxis.

Prof. Dr. Dieter Ohlmeier
Facharzt für Neurologie und Psychiatrie, Dipl.-Psychologe; seit 1976 Lehrstuhl für Psychoanalyse und Psychotherapie an der Universität/Gesamthochschule Kassel; von 1985–1992 Direktor des Sigmund Freud-Instituts, Frankfurt; Lehranalytiker; past president der Deutschen Psychoanalytischen Vereinigung; Publikationen zur psychoanalytischen Psychosomatik (Herzinfarkt, Aids) und Gruppenpsychotherapie; psychoanalytische Beiträge zu Politik und Gesellschaft und zur Literaturforschung.

Dr. Sylvia Zwettler-Otte
AHS-Professorin für Latein und Deutsch; Doktorat in Psychologie; Dozentin für katathym imaginative Psychotherapie; Mitglied der Wiener Psychoanalytischen Vereinigung. Mehrere Buchveröffentlichungen (*Schulerfolg ohne Streß* 1978; *Verstehen und Erziehen* 1980, gemeinsam mit G. Strauch; *Kind und Geld* 1985; *Die Repetenten – Warum Lehrer Lehrer werden* [3]1991; *Wir hatten ein Haus in Pompeji* 1991; *Schulprobleme – Probleme der Schule* [2]1993) und Publikationen zu psychoanalytischen Themen. Seit 1979 Seminare und Projekte im Rahmen der Sigmund-Freud-Gesellschaft.

... Eltern sein dagegen sehr

Erziehungsberater im dtv

Brigitte Beil
Gutes Kind, böses Kind
Warum brauchen Kinder Werte?
dtv 8424

Bruno Bettelheim
Kinder brauchen Märchen
dtv 35028

Jeffrey L. Brown
Keine Räuber unterm Bett
Wie man Kindern Ängste nimmt
dtv 36093

Oggi Enderlein
Große Kinder
Die aufregenden Jahre zwischen 7 und 13
dtv 36220

Klaus Fritz
Ein Sternenmantel voll Vertrauen
Märchenhafte Lösungen für alltägliche Probleme
dtv 36120

Barbara Högl
Störfälle?
Die viel zu unaufmerksamen Kinder
Notizen, Fundstücke und Interviews
dtv 36213

Isabel Hörmann
Ein Traum von Kind
Aus dem Leben einer ratlosen Mutter
dtv 36222

Kinder verstehen
Ein psychologisches Lesebuch für Eltern
Herausgegeben von Sophie von Lenthe
dtv 35017

Gerhard W. Lauth
Peter F. Schlottke
Kerstin Naumann
Rastlose Kinder, ratlose Eltern
Hilfen bei Überaktivität und Aufmerksamkeitsstörungen · dtv 36122

Maria Montessori
Kinder sind anders
dtv 36047

Angela Murmann
Das Tunnelbiest
und andere Geschichten aus meiner Erziehungskiste
dtv 36141

Cora Neuhaus
Corona Schmid
Nur eine Phase?
Verhaltensauffälligkeiten bei Kindern · dtv 36219

...Eltern sein dagegen sehr

Erziehungsberater im dtv

Gerlinde Ortner
Märchen, die Kindern helfen
Geschichten gegen Angst und Aggression
dtv 36107
Neue Märchen, die Kindern helfen
Geschichten über Streit, Angst und Unsicherheit
dtv 36154

Jirina Prekop
Der kleine Tyrann
Welchen Halt brauchen Kinder? · dtv 36050
Schlaf Kindlein – verflixt noch mal
Ein Ratgeber für genervte Eltern · dtv 36189

Jirina Prekop
Christel Schweizer
Unruhige Kinder
Ein Ratgeber für beunruhigte Eltern · dtv 36030

Ulla Rahn-Huber
Der ultimative Survival-Guide für junge Eltern
dtv 36167

Dorothy Rich
Lernspiele für den EQ
So fördern Sie die emotionale Intelligenz Ihres Kindes · dtv 36226

Julia Rogge
Den Alltag in den Griff bekommen
Familien-Management
dtv 36199

Lawrence E. Shapiro
EQ für Kinder
Wie Eltern die emotionale Intelligenz ihrer Kinder fördern können
dtv 36121

Von Rotznasen, Unschuldsengeln und anderen Nervensägen
Neueste Nachrichten aus dem Erziehungsalltag
dtv 8494

Weder Macho noch Muttersöhnchen
Jungen brauchen eine neue Erziehung
dtv 36123

Dagmar Wolf
Babysitter, Hort & Co.
Ratgeber zur Kinderbetreuung · dtv 36094

Eva Zeltner
Mut zur Erziehung
dtv 36048